1998年12月13日,タイのバンコクで開かれた第13回アジア大会男子100m準決勝で,伊東は10秒00のアジア新記録をマーク。東洋人が初めて9秒台の扉をノックした

初めての日本記録は1994年10月の日本グランプリ・ファイナル200m（熊本・水前寺）での20秒44。1週間前の広島アジア大会銀メダルにつづく快挙だった

1996年のアトランタ五輪ではマイルリレーで5位に入賞。1走の苅部俊二（後方）が好位置でバトンパス

ケガからの回復がかろうじて間に合った2000年のシドニー五輪。100m,200m（写真）とも準決勝まで進出し、18年にもおよぶ競技人生を締めくくった

疾風になりたい

「9秒台」に触れた男の伝言

伊東浩司 著
月刊陸上競技編集

出版芸術社

はじめに

まず、伊東に感謝です。彼によって私自身が進化でき、さらにコーチとしても自立ができたからです。

そんな伊東との初めての出会いで、今でも鮮明に覚えていることがあります。それは入学して間もない日の研究室での出来事でした。自己紹介のあと、私が「がんばりなさい」と言って差し出した手を「よろしくお願いします」と言って握り返した伊東の手から伝わった感触です。女性みたいなやさしさと、当時、400mの高校記録（46秒52）保持者としての期待の大きさとのギャップを強烈に感じました（余談ですが、その後の測定で握力は右が37・5kgしかありませんでした）。

しかし、私にはこの学生をなにがなんでも強くしなくてはならない責任がありました。今だから言えることですが、伊東は長距離の名門、報徳学園高の出身です。指導者はあの高名な鶴谷邦弘先生です。先生からの推薦文のなかに「その恵まれた才能を、十分発揮させることなく高校時代を終わろうとしています。その責任は私（鶴谷）自身にあります」（抜粋）と書かれていました。指導者としての真摯な姿勢に深く感銘を受け、私も大学の推薦所見に「高野進以上の人材であり、国際的ランナーに育てていくつもりである」と書きました。

ひとりの新入部員が、これほどの責任とコーチとしての力量が問われるプレッシャーを私に与えてくれたのは、あとにも先にも伊東だけです。

このようないきさつがあって、本格的な勝負であるコーチングが始まりました。コーチングの手法に「体感コーチング」（簡単に言うと何ごとも選手の立場に身を置き、その気持ちになってやる）というものがあります。私はエリート選手育成にはこの手法は用いません。逆に私自身がまったく知らない、経験していない怖いもの知らずの手法を使います。

伊東がまさに耐えてくれた試練に、「短期間で世界一周の距離を移動してのグランプリ大会参戦」がありました。時差調整から異文化への適応と、厳しい試練だったと思います。もちろん、失敗しなくても信頼関係に影響を与えかねない〝ハイリスク・ハイリターン〟のコーチングを展開したつもりです。

さらに極めつけは、伊東に〝コーチ選び〟を勧めました。これは選手がコーチの力量を客観的に評価することです。今、自身の競技力向上のために何が最も必要なのか、その必要なものを獲得するために誰が適任なのか。固定化された強い絆の師弟関係も重要ですが、コーチには各々、特性、特徴があるものです。伊東にはそのコーチの特性を見抜く能力が怖いほどありました。それゆえ、不愉快な思いをされた方々もいるかと思われますが、私がお詫びしなければなりません。

このような伊東が指導者として歩み始めました。本書では自らの競技生活を回顧し、それぞれの局面での心の動きを吐露しつつ、客観的な自己分析をしています。こうした作業は指導者としての能力を磨くプロローグとなり、その糧ともなります。さらに、各方面でご支援いただいた皆様への感謝の念も一杯つまっていることをご理解いただければ幸いです。

東海大学体育学部教授、同陸上競技部副部長

宮川千秋

疾風《かぜ》になりたい
「9秒台」に触れた男の伝言

目次

カバー写真　表紙／98年の日本選手権　裏表紙／98年バンコク・アジア大会でのスナップと
01年9月、アテネ世界選手権女子マラソン金メダリスト鈴木博美選手との結婚式

写真／月刊陸上競技（樋口俊秀、大塚一仁）、泉　彰、奥井隆史、平出洋一、
弓庭保夫、日本雑誌協会　装丁＆章扉デザイン／光本　淳

第1章

「プロ」から「アマチュア」へ

シドニー五輪を終えて

第3コーナーで後輩の末續（慎吾、東海大）にバトンを渡してから、私はゆっくりとトラックを歩いてゴール付近へと向かった。11万人の観衆で埋め尽くされたシドニーのオリンピック・スタジアム。閉幕を翌日に控えて、9月30日の陸上競技は決勝ラッシュ。地鳴りのような歓声が、場内に渦巻いていた。

「こういう舞台に立つことは、もうないかもしれないな」

一抹の淋しさがよぎる。30歳で迎えた3度目のオリンピック。よくぞまあ、ここまで持ちこたえたものだ。昨シーズンはあっちこっちの故障に泣き、夏ぐらいまでは「もうシドニーは無理かな」と、出場すらあきらめかけていた。

100mが走れない。200mはもっと走れるはずがない。練習をしていないのだから。私の弱気の虫を吹き飛ばしてくれたのが、9月初めの日本インカレで大爆発した学生陣の快走だった。100mで川畑（伸吾、法大）が10秒11、末續が10秒19。「オレも何とかしなければ」

それから、わずかな期間で帳尻合わせをして臨んだシドニー五輪。練習をきちんと積み上げて出たわけではないので、記録や順位に対して、格別の喜びも悔しさも、まったく浮かんでこなかった。

勝負をしにいっているというより、目の前にあるラウンドをクリアしていくだけ。通るたびにホッとして、またホッとして……。幸い、というべきか100mも200mも準決勝まで駒を進めることができたが、アトランタ五輪の200mで2次予選を通った時のような「ものすごくうれしい」という気持ちにはなれなかった。

4×100mリレーも予選、準決勝、決勝と3本。朝原（宣治《のぶはる》、大阪ガス）が完全に調子を取り戻しつつあった。川畑が準決勝で故障、末續も決勝で肉離れを起こすアクシデントはあったが、アンカーの朝原ががんばって、日本は6位を確保。ゴール付近では涙を流す末續を、1走を務めた小島（茂之、早大）がなぐさめ、そばに笑顔の朝原が立っていた。

メンバーに合流しようとしている私は「やっと終わったあ」という安堵感と、「ああ、これで当分リハビリのことを考えなくていいのかなあ」という解放感。自分の心の中でずっと続いていた葛藤からやっと逃れ、周りの目から自由になれたと思った。

1998年12月13日、バンコク・アジア大会の100m準決勝で10秒00を出した時から、いろんなことがあった。まず、取材陣の数が膨大に増えた。それに伴って、顔と名前が全国に広まった。どこに行っても「あ、伊東浩司だ」と名指しされ、おちおち買い物にも出られなくなった。

それでも、アジア・チャンピオンになって最初の1年目で注目されることにだいぶ慣れ、免疫もできた。ただ、試合のたびに9秒台を期待されるのは苦痛だった。

「これだったら、出せるものなら早く9秒台を出して、ラクになりたい」

2年目を迎えるに当たって、冬場の練習に気合が入った。シドニー五輪の年である。そうしたら脚を痛め、治りかけたらまた痛めて、9秒台どころの話ではなくなった。現状維持だったら、それまでと同じ練習をしていれば、多少の上げ幅、下げ幅で済む。そうでなくて「さらにひとつ上のランク」と欲が出たら、同じ練習にとどまっているわけにはいかない。それだけケガのリスクは大きくなっていく。

実際のところ、条件さえ揃えば、9秒台というのはそれほど非現実的な話ではないと思える時期があった。少し前なら10秒1〜2という記録が大きな壁で、「特別な人が走る」イメージが強かった。しかし、その壁がなくなって、10秒1〜2のエリアにしっかりと足を踏み入れていたのだ。2000年のシドニーでも、10日間ほどの練習で10秒25（2次予選）までもっていっている。だが、きちんと練習が積めていなかったら、そのレベルまでがせいぜいで、いくら条件に恵まれても9秒台など出るはずがない。ファイナリストの夢は後輩たちに託し、私はシドニーから帰国後、自分の将来について真剣に考え始めた。

富士通の社員研修に参加

「引退か」、「現役続行か」と騒がれる中で、私は2000年10月、富士通の社員研修会に参加した。3泊4日の宿泊研修で、対象は入社10年目に入る中堅どころの社員。その時はまだ、第一線を退いてからも会社に残って仕事をしようという気持ちが強かった。

「大学で指導者になりたい」とはっきりした目標を持っていた同僚の苅部（俊二）は、契約社員になってまで大学院に通った。私にはそこまでの展望はなく、同じ富士通のユニフォームを着ながら「（陸上を）やめたらどうしよう」とつらつら考えるだけだった。

漠然とだが、会社に残る方向で現役生活を続けていた節がある。選手のうちはチヤホヤとほめたたえてくれた人も、一社員となれば上司として怖い存在になるはず。そんなことが常日ごろから頭にあって、職場ではあまり大きな口を利かないように努めた。

その分、監督やマネージャーに対してあけすけにモノを言ってしまい、職場では見せられないイライラをぶつけてしまったこともある。陸上部のスタッフは皆、懐が大きくて、「伊東には言わせるだけ言わせておけ」という受け止め方をしてくれたのだろうが、今考えると赤面の至りで、大変失礼なことを言ったと思っている。

一流大学出身者が多くいる研修会で、内容によっては「これならひけをとらないな」と自信を持つケースもあった。たとえば人前で話をしたり、グループ内でリーダーシップをとること。陸上の世界でベテランと言われるわれわれは、そんなことを多々経験してきたが、同世代のサラリーマンにとっては、上に立って何かをすることはほとんどないのかもしれない。ただ、会話の中に「経済の流れがどうの」と出てくるとお手上げだった。だいたい読む新聞からして違う。彼らはメインが日経だが、私たちはスポーツ新聞か朝・毎・読の全国紙。情報源がまったく異なっていた。

どんなにトップを目指して競技をやってきても、ずっと現役でいられるわけがない。その時、またゼロから会社員を始めることができるものかどうか。競技に熱中しているうちも、チラチラと頭に浮かんでいたことだった。

景気の後退で日本の企業スポーツが直面している問題は小さくない。休部になっているチームも多い。だが、活躍しなくても給料をもらえるシステムというのは世界でもあまり例がなく、選手にとって良い制度とも言えた。その制度に甘んじている限りは、選手の側は避けて通れない道ではないかと思う。

それにしても、マスコミの影響は大きいものだと、その研修中につくづく思った。まだ「オリンピック総集編」などをテレビでやっている時期だったので、空き時間などによくそういう話になった。研修のメンバーたちが、新聞や週刊誌に載っていたような私の話題を持ち出すので、「そうじゃなかったんですよ」と言うと、「ホントに?」と驚かれる。

社内の人でさえそうなのだから、世間一般の人にわれわれスポーツ選手のありのままが伝わることは少ないのかもしれない。虚像としてとらえられているのが、ちょっぴり寂しかった。

悩んだ末に出した結論

生まれ育った神戸に帰りたい、という気持ちは以前からあった。親がいるというより、故郷に引かれた。

富士通の陸上部本体は、千葉県の幕張にある。私の勤務先は神奈川県厚木市の研究所で、位置関係からすると孤立に近かった。同じ神奈川県平塚市にある母校・東海大で練習をする関係でそうなったのだが、午前中に出勤しても部員は1人。午後、大学へ行っても、長期休暇中などは学生がいないこともあった。

一方で私は、そういう孤独を求めていたことも事実だ。だが、トレーニングに行き詰まった時には、やはり寂しさが募る。そんな時、いつも兵庫の先生方に叱咤激励されながら、競技を続けてきた。

富士通の研修を終えてからだったと思う。地元の先生から「伊東、戻って来ないか」と声をかけていただいた。はっきりと心が動いたのは12月に入って、甲南大の話をもらってから。のちに結婚することになる鈴木博美に相談すると「好きなようにすれば」。私たちの間では「それぞれの人生だから」が口ぐせになっていた。

年が明けてからも、悩みながら出勤していた。「神戸に帰れる」というのは魅力だった。しかし、指導者の道はまるで考えていなかったし、自分にはむずかしい話だと思っていた。大学では経済学部だった私は、体育学を専門に学んでもいない。大学院にも行ってない。

どちらかと言えば「感覚でやっていた」というべきかもしれない。そのつど、そのつど自分の感覚を頼りにして、競技力の波と同時に気持ちの波が動いていた。私ほどその振幅が大きい選手

2001年４月，スーツ姿もりりしく甲南大の専任講師として第２の人生をスタートさせた

はいなかったと思う。それだけに、相手の心の動きは読める自信がある。指導のテクニックはさておいて、あるいはそっちが役に立つかもしれない……。

周りでは「大学院に行ってからでも遅くないのではないか」という声が多かった。東海大の陸上部コーチングスタッフの中には、投てきの石田（義久）先生、跳躍の植田（恭史）先生など、実業団を経験してから大学に入って来られた方がいる。長距離の新居（利広）先生は、高校教諭からの転身だ。その新居先生に言われたアドバイスが、フラフラしていた私の心を決めるカギになった。

「記録はいつかは破られる。記憶は年々人から薄れていくから、オリンピックが終わった直後で、みんなの記憶にあるうちに、いい話があったら行くべきだよ」

いい時も悪い時も経験しているだけに「そうかな」と思った。スパイクやトラックの改良などを考えると「10年間は大丈夫」と思われた記録が、ほんの数カ月で破られるご時勢になっている。私の記録だって、朝原や末續がすぐに塗り替えてしまうだろう。記録が出る時はマラソンと一緒で、バタバタと何人もが壁を越えそうな気がする。

ぐずぐずと悩んでないで、誘ってくださる甲南大に行ってみよう。自分に何ができるかわからないが、新たなチャレンジをしてみよう。その意志を木内敏夫監督に伝えてから、話はトントン拍子に進んだ。それだけ富士通と甲南大双方の関係者が尽力してくれたのだと思う。ありがたかった。

甲南大の学生と一緒に

報徳学園高時代からお世話になっている鶴谷邦弘先生は「良かった」とひと言。先生の家も甲南大のエリアにある。当初、「まだ競技は続けますよ」と話したら、ある新聞記者に「環境が悪くなりますね」と言われた。しかし、練習場所は目の前にあるし、施設に不自由はしない。

会社にいる時、私は「プロだ」と思って競技をやっていた。大学に移ったら「陸上が仕事」という枠がなくなって、自分で捜して練習時間を割かないといけない。そういう意味で、プロからアマチュアになる。そんな気持ちでいた。周りが言うほど、練習環境にこだわりはない。時間の使い方によっては、すごくいい練習になる。

指導の面は、私がズブの素人だけに、見当がつかない。ただ、東海大とはまったく意味合いの違う陸上部だと思うので、100m12秒の学生を11秒台に、あるいは11秒台後半の学生を卒業するまでに何とか10秒台に、という手助けはできると思う。自分が走ったことのあるタイムだったら「それ、いいんじゃないか」と言えるような気がした。

神戸の中学校で陸上を始めてから33歳になった現在まで、いろいろな人にお世話になりながら、多くの経験を積んできた。それなりの結果も出たが、どん底に落とされたこともあった。21世紀に入った今、大学の指導者に道を得たのを機に、これまで自分が歩んできたひとこま、ひとこまをじっくりと振り返ってみたいと思う。

第2章

陸上競技にあこがれた日

子供のころの夢は車掌さん

神戸の市街地を無残ながれきの山にした阪神淡路大震災から8年。私が2001年の春からお世話になっている甲南大も、建物の倒壊など大きな被害に遭ったが、今はきれいに建て直しが終わり、赴任直後の4月21日に開かれた「創立50周年記念式典」には大勢のOB、OGの方々が集まっておられた。

私の実家は神戸市の北区ひよどり台という所で、市街地の山向こう。港とは反対に北側に当たり、幸いにも地震の被害はほとんどなかった。1970年1月29日の早生まれだが、本当は予定日が12月中だったらしい。自分がどれぐらいの重さで生まれたのか、知ろうとしたこともないけれど、「出てくるまでに結構粘ったんだよ」という話は聞いたことがある。

2人兄弟の長男で、3学年下に弟が1人。弟は兵庫県立夢野台高校に進み、朝原（宣治、大阪ガス）と同期。400mリレーでは弟が3走、朝原がアンカーを務め、3年の時に仙台インターハイに出場している。その後、日本代表チームとして私が朝原とリレーメンバーを組むことになるが、最初に朝原の名を知ったのは弟を通じてだった。

85年に神戸ユニバーシアード大会が開かれ、メインの競技場がうちの近くに建設された。兵庫リレーカーニバルをはじめ兵庫県内の主要大会を行うユニバー記念競技場がそれで、今は交通の便も良くなり、競技場の周りはベッドタウンになっている。しかし、それまでは、神戸市と言っても山あり、谷あり。ひよどり台には自然がまだたっぷりあった。子供のころはそこを駆けずりまわっていたが、ガキ大将のタイプではなかったと思う。どちらかと言えばおとなしい子で、女性っぽい方だった。

これは今に至ることだから鮮明に記憶にあるのだが、私は大の鉄道ファンで、電車に乗るのも、電車を見るのも好き。よく部屋中にレールを組み立てて遊んでいた。両親が大分県出身なので、田舎に帰る時は山陽新幹線に乗ったりしたが、うれしくてワクワクしていたのを覚えている。当時、私のなりたい職業は、車掌さんだった。

小学校時代はサッカー少年

小学校はひよどり台、中学校は漢字になって鵯台《ひよどり》。神戸市立ひよどり台小学校の生徒は、鵯台中学校へ進学する。鵯台中は、全員がひよどり台小から上がってくる。そういう地区だった。私の学年は6クラスあった。

私が小学生のころは習いごとブームで、いろいろやった。2年、3年とスイミングスクールに通い、公文式と習字も始めた。4年からは学習塾。毎日、忙しかった。しかし、4年からスポーツ少年団でサッカーをやり始めて、公文式も習字もやめた。ウィングというポジションに起用されたぐらいだから、足は速い方だったのだと思う。チームとしては大したことはなかったが、地

小学校１年生のころ。身長は低い方で，クラスでも前から２～３番目だった

域的にサッカーが盛んなところで、4年から6年までサッカーに没頭した。ちょうど、私がサッカーを始めたと同時に、週刊少年ジャンプで「キャプテン翼」というサッカー漫画の連載がスタートした。それを毎週読みながら、自分も漫画の登場人物になったつもりでボールを追いかけていた。小学生の時は陸上にはまったく興味がなかった。サッカーの仲間と、バスに乗ってどこかへ行くのが楽しみで、週末が待ち遠しかった。

私は低学年のころは背が低くて、前から数えて2～3番目。高学年になるにつれて後ろの方へ移っていき、中学1年の時の身長が155cm。水泳をやり始めてから背が伸び、足も速くなったように思う。

運動会ではいつも1番を争うメンバーの中にいた。陸上大会には出たことがないが、小学6年の時だったか、サッカー部として神戸市北区のマラソン大会に出場したことがある。マラソン大会といっても1kmで、私は前半から飛ばして、ラストはヨレヨレになった。それでも4位に入賞。鵯台中学校に進んでからは1番だった。

こう言うとスポーツは万能だったように聞こえるかもしれないが、体操系は全然ダメで、特にマットと鉄棒は大の苦手種目。一度、鉄棒で前回りをしていて落ちた記憶があり、それから怖くなってしまった。恥ずかしながら、逆上がりができたのは、高校3年の時である。それも「逆上がりができないヤツは卒業できないぞ」と言われ、追い込まれてやっとできたという情けなさ。体育の時間に、鉄棒のテストをさっさと終えたクラスメイトが、楽しそうにソフトボールをやっているのが、恨めしくて仕方がなかった。

中学校で陸上部へ

１９８２年に鵯台中学校に入学。サッカー部がなくて、少年団の仲間はみんなバスケットボール部に入った。私も「バスケでいいかなあ」と思っていたら、陸上部の森岡直宣先生が記録会にエントリーしたという。

小学校の同学年受け持ちだった東向《ひがしむき》信明先生が、どうやら「こういう子がいます」と小学校、中学校の連絡会で伝えたらしい。

２００２年に、第50回大会を迎えた兵庫リレーカーニバルは当時、昭和天皇の誕生日である4月29日に行われていた。地元の学校にとっては、これが最大の晴れ舞台で、新入生も仮入部の前に速そうな子はピックアップされる。私もその一人だったらしくて「試しに走ってみろ」と言われて記録会に出て、そのままズルズルと陸上部に入ってしまった。

初めての試合は神戸市の大会で、１００ｍで7位だった。記録は13秒4。その後、高校、大学と同じ道をたどる寄勝統《よりかつのり》（御影中）が隣りのコースにいたのを鮮明に覚えている。私が１５０㎝ちょっとの身長なのに、向こうは中学1年で１７０㎝近く。きちんとしたユニフォームを着て、専用のスパイクを履いている。「すげえなあ」と思いながら見上げていた。

1984年10月，国立競技場での第15回ジュニアオリンピックに出場。２度目の東京遠征

変な話だが、ワキ毛やスネ毛が生えている男子を、それまであまり見たことがなかった。中学1年の、しかも春先といったらまだ小学生気分が抜けなくて、こっちは圧倒されっぱなし。しかも借り物のスパイクで、肩身が狭かった。

初の試合後、中学校の「学校だより」に自分の名前が載った。うれしかった。「また載りたい」と思った。2回目の大会では12秒台が出た。周りの人たちは「すごい」と言ってくれた。今度は「学校だより」だけではなくて、地元の新聞にも名前が載った。親も喜ぶし、学校の先生もニコニコ顔。それがうれしくて、またがんばろうと思った。

サッカーをやっているころは、表彰状も滅多にもらったことがないのに。中学1年の秋には、12秒1まで記録を伸ばした。

陸上部は森岡先生と竹村敦先生という2人の先生が顧問をしておられたが、私が中3の時に竹村先生が転出され、栗林秀行先生が来られた。栗林先生は兵庫・押部谷中学時代、110mハードルでジュニア・オリンピックに優勝している。鈴蘭台高から日体大に進んだが、その先生が来てから練習が多少専門的になってきた。

とは言っても、中学時代の練習内容を思い返すと、200mのトラックを何周か走って準備体操。150mの流しを5本。鉄棒に1分間ぶら下がって、ハードルを何台か跳んで、あとはスタートダッシュを少し。それで終わり。もも上げも、ウエイトもやったことがない。マッサージを教えてもらったのは、栗林先生が来てからだった。

初めての国立競技場

83年は2年100mのクラスで全日本中学校選手権に出場している。会場が国立競技場で、私の東京行きはそれが初めてだった。竹村先生と車で行って、吉祥寺だかの先生の知り合いの家に泊めてもらった。

当時の車には、時速が100kmを超えると、「キンコン　キンコン」と鳴って速度オーバーを知らせるチャイムの設置が義務づけられていた。我が家はそのころ母親しか免許を持っていなかったので、そんなに飛ばすはずがなく、「キンコン、キンコン」と鳴らしながら走るのは初めてのこと。名神、東名と高速道路を走りながら、ずっと鳴りっぱなしのような感じで、私は浮かれていた。帰りも、もちろん「キンコン、キンコン」。遠征の疲れも吹っ飛んだ。

国立競技場もその時初めて見たわけで、とにかくデカくて、デカくて、ビックリした。歩道橋を渡って行くと、東京都体育館の脇にサブトラックがあって、そこも全天候だった。神戸の方の競技場はチップが入っていっぱいツブがついているのに、そのサブトラックはチップがなくてツルツル。「すごいなあ」と驚きの連続である。

試合は、予選は2着（11秒64）で通ったけれど、準決勝は4着（11秒71）で落ちた。予選の後、後楽園へ行ってお好み焼を食べた記憶があるから、半ば観光気分だったのだろう。後楽園から帰って来て、あまり時間がなくてバタバタした思い出がある。競技場の中に入ってからのことは、よく覚えていない。ドキドキで、頭が真っ白だったのだと思う。

ジュニア五輪の400mで優勝

3年の全日本中学校選手権は和歌山で行われた。神戸からだと当日の移動で、共通200mの日、早起きして家を出た。その晩は和歌山に泊まったが、当時50歳を超えていた森岡先生と同じ部屋で、緊張して眠れなかった。この時は絶対に決勝に残りたいと思った。2年の時は準決勝で落ち、宿泊先に戻ってからテレビで決勝を見た。「さっき一緒に走ってたヤツがあそこにいる」と思ったら急に悔しくなって、「来年は必ずNHKテレビに映ってやるぞ」と心に決めた。しかし和歌山では、名倉雅弥（埼玉・藤中）が3年100mと共通200mの2種目に勝って、ヒーローだった。彼は両種目で大会新をマークした。

私は最初の200mのスタート直後にむちゃくちゃ緊張したのを覚えている。6レーンだったか7レーンだったか、アウトの方で、目の前にテレビカメラがあった。とっさに1年前を思い出し「あ、テレビや」と思った。何台かあったので、「映っているかな」と気になって仕方がない。オンエア中の赤いランプを目で追った。そのうちにドキドキしてきて、身体が固まった。名倉が22秒08で優勝し、堀内雅人（大阪・藤井寺三中）が2位、私は22秒57で3位に入った。4位は同じ兵庫の寄だったが、寄はその大会の共通400mで優勝を飾っている。

中学3年のときの全日本中学校選手権は和歌山で行われ，伊東（左端）は共通200mで3位。中央は22秒08の大会新で優勝した名倉雅弥（埼玉・藤中）

3年100mの日は雨降りで、私はゴール寸前で足を滑らせた。転びながらフィニッシュして、5位（11秒20）。優勝した名倉は10秒94だった。

私も中学3年になって、100mで10秒台をマークしている。春先はどんなにがんばっても11秒0だったのに、その後10秒9を2～3度出して、9月の近畿ジュニア選手権で出した10秒7が中学時代のベスト。堀内が10秒6で走っており、1位ではなかったけれど、そろって大阪府と兵庫県の中学新記録ということで記事になった。堀内はその後、清風高から東海大へ。寄も堀内も、大学でチームメイトになった。

中学3年の秋、再び国立競技場へ行くチャンスが巡ってきた。第15回ジュニア・オリンピックが開催されたのだ。私の中学校がちょうど創立10年目で、もちろん冗談だったろうが、「お金がかかるから100mだけじゃ連れて行かんぞ。400m

ジュニアオリンピックではBクラス（13歳以上15歳未満）の400mで圧勝。400mの経験はほとんどなく，ぶっつけ本番に近いレースだった

もやれば行かせてやる」と先生に言われた。寄が全日本中学校選手権の４００ｍで優勝した。「お前もやれ」と言われている矢先だった。私はまた東京へ行きたかったので、すぐに「４００ｍをやります」と言ってレースに出た。9月に１回やって、10月に２レース。ジュニア・オリンピックの準決勝では50秒23。決勝は50秒31で、圧勝してしまった。

４００ｍを１日に３本走ったのは、それが初めてである。予選はスーッといったら誰もいなくなったので、「速い」と思って１５０ｍあたりから流した。それで50秒37。準決勝も似たようなレースだった。私が、今の中学生のように前半から積極果敢に飛ばすレースをしていたら、たぶん47秒台で走れていたのではないか。47秒台は無理でも、48秒台は確実に出ていたと思う。

４００ｍの初レースが神戸市の北区の大会で１００ｍが終わった後、そのまま４００ｍのブロックを合わせて走った。100mを11秒1で走って、すぐに400mのスタートに着いたわけで、最後は〝ケツ割れ〟して散々だった。その時は52秒1かかっている。「これは前半から（全力で）いったらしんどい種目だ」と思って、それからは前半を自重した。

ジュニア・オリンピックは、決勝も最後だけバーッと走って勝てた。2位はその後、京都・洛南高に入った山口茂（大阪・西山田中）、全日本中学校選手権で優勝した寄は、盲腸で来なかった。あのころは、400mのスタートラインに立っても、距離に対する恐怖感は全然なかった。長距離を走るような感じだった。300mまではゆっくり走って、最後で勝てばいい。100mが10秒7というスピードは、400mランナーとしては異例だったので、スローに感じたのだろう。

原点は兵庫リレーカーニバル

当時、ジュニア・オリンピックで優勝すると、その大会のエンブレムがついたジャージが副賞でもらえた。神戸市は陸上が強かったので、それを誇らし気に着ている人が何人かいた。私も欲しくて、欲しくて、手にした宝物なので、今でも捨てずにしまってある。

そのころ、試合に行く楽しみの一つは、会場に設置されたスポーツ・ショップを回ること。トップ選手の着る物、履く物、すべてがあこがれで、スポーツ店で実物を見るのが大きな楽しみだった。私が陸上を始めたころは、兵庫県の男子短距離界に2大スターがいた。神戸・神陵台中の清水崇さんは、81年の全日本中学校選手権で100m3位、200m優勝。200mでは不破弘樹さん(群馬・沼田西中)に勝って、当時の中学新記録をマークしている。兵庫県の中学記録は清水さんが独占しており、プログラムには必ず名前が載っていた。

清水さんの数段上で光り輝いていたのが山内健次さん。私が中1の時、赤塚山高(現・六甲アイランド高)3年生で、その年の鹿児島インターハイでは200mに優勝、100mでも4位に入っている。その後、88年ソウル五輪の代表になった。山内さんや清水さんが履いているスパイクは、われわれ中学生のあこがれの的だった。うちの陸上部では、100mで12秒を切るまではみんなと同じクツを履かないといけないルールがあって、指定のスポーツ店で一括購入した。土でもゴムでも大丈夫な、ごく普通のクツ。12秒を切ると、自分で好きなのを買ってよかった。

中学1年の夏だから、ちょうど山内さんが優勝した鹿児島インターハイが行われた1982年。職員室に行くと、先生が「月刊陸上競技」の9月号を広げていた。インターハイと、中学の通信陸上の記録を特集している。その間に、シューズやらウエアがずらりと並んだアシックスのカラーのカタログページがあった。通信のページに3年生の先輩の名前が載っていたはずだが、私はそっちのカタログに目を奪われて、すぐに本屋へ買いに走った。それが初めて買った専門誌である。以後ずっと購読したが、その82年9月号はセロファンテープで補修しながら、何度も何度も広げて見た。中学2年になって初めて自分のスパイクを買ったが、山内さんや清水さんと同じスパイクは値段が高くて手が出なかった。

高野進さんにあこがれたのは社会人になってからで、それまでは山内さん、清水さんが目標であり、あこがれだった。山内さんが高校時代にマークした200m21秒13という記録は、ものすごく速いと思った。今のユニバー記念競技場に移る前、兵庫リレーカーニバルは王子の陸上競技場で行われていた。城址の石垣の上から観戦していると、スポーツ店でもなかなか見られないスパイクで、山内さんがさっそうと走っている。「すごいなあ」と、ため息まじりにながめていた。

他県の人にはあまりピンと来ないかも知れないが、兵庫リレーカーニバルは兵庫県の中学生、高校生にとって特別のものだった。地元のサンテレビが一日中放映するので、それに映ると学校でも一躍スターになる。ある意味ではオリンピックよりすごいかもしれない。鴨台中学校の部員は、その大会だけハチマキをして走った。3年生の時、6番か7番に入っている。寄がいた御影中をカメラはずっと追いかけていて、その後ろに鴨台中も映った。あくる日、学校へ行くと、体育の先生が「お前たち、テレビに映っていたなあ」とほめてくれた。

兵庫リレーカーニバルは、私の陸上人生の基礎と言っていいと思う。石垣の上から見たトップ選手にあこがれ、自分もその試合で育てられてきた。山内さんたちは気軽にサインにも応じてくれた。自分がそういう立場になってからは「あのころのお返しをしたい」と思って、この大会に帰って来たものだ。

シドニーへ両親を招待

専門的な練習もしないのに、ある程度の結果を残せた中学時代だが、遠征先で「緊張して眠れない」という大会は多々あった。中学校の先生は、そのイメージの方が強いのではないだろうか。家では、陸上のことを親から聞かれるのがイヤだった。中学1年の時、母親が試合に来て、みんなの前に登場した。サッカーをやっていた時と同じ感覚だったと思うが、中学では先輩もいれば女子もいる。思春期に入りたての私は恥ずかしくて、家に帰ってから「もう絶対に来るな」と言い放った。そういう時期、同じような態度をとる子は今でも大勢いると思う。

それからは、私に内緒で競技場に来ていたようだ。和歌山県の全日本中学校選手権（1984年）も、子供に気づかれないように、スタンドでそっと見ていたはずである。広島のアジア大会（1994年）や大阪の日本選手権（1996年）も、あとになって「見に行った」と話していた。だから、2000年のシドニー・オリンピックだけは、長年の罪ほろぼしの意味もあって、両親を呼んだ。大学の後輩が旅行会社に勤めていて、飛行機のチケットとホテルを手配してもらった。「最後ぐらい来いや」と言ったら、「行くよ」と言う。

本当は、私の構想ではシドニーで合流して、食事ぐらい一緒にするつもりだった。ところが、思った以上に出ずっぱりになってしまって、一度も会えなかった。100m、200mとも準決勝まで残ったのが〝誤算〟であった。シドニーから帰って来ると、母親が「良かったあ、あの雰囲気」と言って感激していた。初めて生で見るオリンピックは格別だったようである。

第3章

熱血監督と巡り合って

報徳学園高に進学

報徳学園高は兵庫県西宮市にある私立の男子校。私が住んでいた神戸市北区からはかなり離れており、本来ならば通学圏外ということになる。現に鵯台《ひよどりだい》中開校以来、報徳に進学したのは私が初めてだった。そのあとも数えるほどしかいないはずだ。

高校はどこにしようかと考えた時、真っ先に「行きたい」と思ったのは、あこがれの清水崇さんがいる兵庫県立明石南高だった。今、兵庫陸協の理事長をしておられる吉井健彦先生が、明石南高で多くの選手を育てていた。「私もそこで陸上をやりたい」と思ったが、県内の学区が全然違っていて、現実には厳しい話だった。

中学3年のジュニア・オリンピックで優勝したこともあり、陸上の強い他県の高校からも誘っていただいた。どこにしようか決めかねて、だんだんと受験期が迫ってくる中で、最後に声をかけてくれたのが報徳だったと思う。

2002年4月に58歳になった報徳の鶴谷邦弘先生は、当時全国高校駅伝で2連覇中。指導者として脂が乗りきっていた。日体大を卒業して、母校の報徳学園に教諭で戻ってきたのが1967年(昭和42年)。以来、都大路の制覇を目指して熱心に指導され、私が入学した年(1985年)には、史上初の3連覇に挑もうという最強チームを率いていた。

そういう全国から注目を集める先生が、私の中学校に来てくれて「どこへ行けとは言いませんが、高校は親元から通った方がいいですよ」と言う。「駅伝で優勝しましたから、次は短い距離で勝つのが夢です。短いのと長いのと、両方で全国優勝できたらいいですね」という言い方もされた。眼鏡の奥の目を若者のようにキラキラさせて話されていた。

自分の中で、報徳のイメージは「駅伝の学校」「野球の学校」。陸上部の緑色のユニフォームも印象にあった。それに、陸上部員が着ている「よろしく　ほうとくです」と書かれたTシャツ。指導者にもだが、あのTシャツに引かれた面はある。私も「よろしく　ほうとくです」のTシャツが着たかった。もう一つ、「強い学校へ行きたい」という気持ちが心のどこかにあった。というのも、中学3年の時には、月曜日の朝礼で表彰状をもらうのが、むしろ苦痛になっていたのだ。

夏休み明けの2学期の始業式だったか、延々と何十枚も表彰状をもらったことがある。全日中に近畿、県、神戸市と試合はいくらでもあった。いくつか省いてくれてもよかったのだが、他に下位入賞している生徒がいれば、もっと上に入っている私の名をはずすわけにはいかない。「また伊東浩司か」という雰囲気になるのがたまらなくイヤだった。そのころは背も伸びて並ぶ順が後ろの方になっていたので、呼ばれるたびに前へ出て行くのもつらかった。

スポーツが強い高校だったら、そんなことはいちいちやらないだろう、と私は推測した。鶴谷先生も「全国で1位になった選手だからといって、特別扱いはしません」と言う。今でこそ「全国大会出場」などと書かれた垂れ幕が校舎に下がっているが、あのころは何もなかった。実際、高校では全校生徒の前で表彰状を受け取るようなセレモニーは行われなかった。優勝をしたら前に出て「陸上部の伊東です。優勝しました。ご声援ありがとうございました」と報告するだけ。中学の時のような「またかあ」というイヤな雰囲気を味わわなくてもよかった。

「年下に負けて悔しい」

高校を決めるに当たって、親は何も口を挟まなかった。中学3年の時は何をやっても記録が伸びて、陸上にどっぷりと漬かっていたので、何を言っても無駄だと思ったのかもしれない。「自分で好きなようにしろ」という感じだった。しかし、今考えると、親も大変な毎日だった。朝は6時ごろ家を出て、バスと電車2本を乗り継ぎ、学校へ着くのが7時40分。帰りは練習のメニューにもよるが、夜10時を過ぎたこともあった。

今はわからないが、報徳の陸上部は学食禁止だったから、毎日必ずお弁当を持って行く。「絶対に親が作ったご飯を食べる」というのが原則で、母親は3年間朝早く起きて弁当を作った。通学時間が片道2時間かからない私は、まだましな方で、5時台に家を出て来る人は何人もいた。小豆島の手前の離島から来ている人もいて、大変だったと思う。

高校時代の経験は、自分のその後の競技生活に色濃く反映されている。それは間違いない。鶴谷先生は長距離が専門だったせいか、私たち短距離選手には「オレは短距離はわからんぞ」というふりをされていた。特に確立された練習内容を示されたわけでもない。しかし、それは「わか

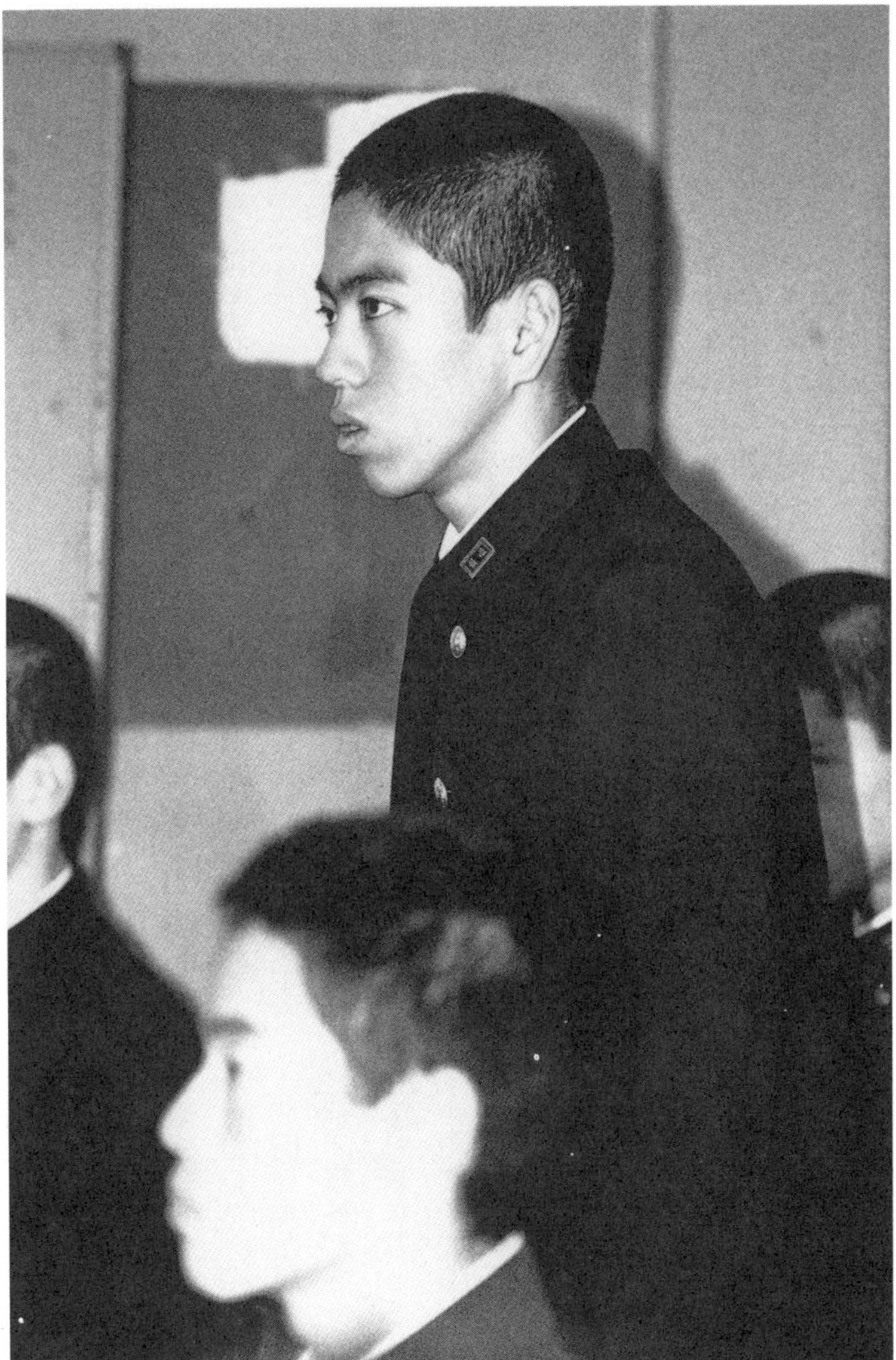

報徳学園高校２年のとき。教室にて

らない」と装っていただけだと思っている。たぶん今も装っていると思う。長年陸上競技をやっていたら、私にだって長距離のことも少しはわかる。鶴谷先生が、いくら長距離出身といっても、短距離についてわからないはずがないのだ。

あえてわからないふりをしていたからかどうか知らないが、私たち短距離組はしょっちゅう他校へ合宿に行かされた。というのは当時の感覚で、今思えば、行かせていただいた。奈良の添上高、福岡の八女工高、愛知の中京高など。リレーが強かった八女工へは、2回行った記憶がある。「陸上選手である前に、模範となるような高校生であってほしい」というのが、鶴谷先生の基本方針であった。そういう意味では、指導者というより教育者だと思う。競技の結果に対しては、あまりうるさいことを言わなかった。勝っても負けても、プロセスがしっかりしていたら何も言わない。ただ、やる気のないようなレースをしたら、厳しく怒られた。強くなればなるほど、厳しさが増した。

高校時代の出来事で強く印象に残っていることがある。2年生の時だったか、インターハイの近畿地区大会の400mで一つ下の山本厚（奈良・添上高）に負けた。私が「年下に負けて悔しい」とこぼしたら、先生にこっぴどく叱られた。「陸上に年齢は関係ない。そんな言い方は向こうに対して失礼だろう」と。おかげで、名古屋の瑞穂競技場で行われた全日本ジュニア選手権に出場させてもらえなかった。

たしかに、今考えれば先生の言い分は理解できる。2000年のシーズンは東海大の後輩の末

報徳のキャッチフレーズ「よろしく　ほうとくです」は、横断幕やTシャツのロゴとしても使われている

續慎吾らが急激に伸びてきて、男子短距離の世代交替を迫られた。年齢は10歳も違うが、同じ空間でトップを争うのに、先輩も後輩も関係ない。つくづくそう思った。しかし、当時は本当に悔しくて、一番印象に焼きついている。その後の大会に出られなかったから、よけいかもしれないが……。

高校時代に本を読む習慣

全国高校駅伝で3連覇を果たした後の1986年、鶴谷先生は「主役は君らだ！」（講談社刊）という本を出版されたので、それを読んだ方は、先生の考え方や人となりをご存知かと思う。他にも、雑誌や新聞で、先生のユニークな指導法がいろいろと紹介された。

出発点は1964年の東京オリンピックだという。〝東洋の魔女〟と呼ばれた日本の女子バレーボールが金メダルを取ったが、大松博文監督の指導は「オレについてこい」の超スパルタ方式。また当時のレスリングの八田一朗会長が、選手を動物園に連れて行ってライオンとにらみ合いをさせたり、夜中にたたき起こして電気をつけ、「そのまますぐに寝ろ」と命じたりしたメンタル面の強化。そんなエピソードに感銘した先生は、自分が教員になるとビシバシとやったらしい。

しかし、部員からの反発は予想以上で、次々とやめていった。ムチだけではダメだと気づいた先生はその後、手を変え品を変え独自の指導法を編み出していく。私が在学したころも、あいさつなどの礼儀作法に厳しいのはもちろんのこと、どこへ行っても、常に笑顔で「こんにちは」と言わないと怒られた。生徒がショボンとしているのはイヤだったらしい。人前でしゃべることも、よくやらされた。

有名になった正月合宿の寒中水泳と、夏合宿の高飛び込み。あれも、長距離選手と一緒にひと通りやった。寒中水泳は肌がちぎれそうに痛かったし、8月のインターハイ後にやるプールでの高飛び込みは、「二度と浮いて来ないのかなあ」と不安にかられながら両足を宙に浮かせた。あれはもう、泳げても泳げなくても、怖くても怖くなくても、全員が飛び下りるまでやった。10ｍのジャンプ台に立つと足がすくんで、その場にしゃがみ込んでしまう子もいた。水泳が苦手な子には、水の中から上がって来るのを待って、救助の網をさし出す。私も「イヤだ」と思ったが、「イヤだ」で逃げられるわけがなかった。

合宿中、電気をつけたまま寝ることもやったし、朝5時からのミーティングというのも経験し

日体大を卒業後、保健体育の教諭として母校に赴任してきた鶴谷邦弘先生。定評ある熱血指導で報徳学園を全国高校駅伝史上初の3連覇（昭和58～60年）に導いた

た。他校との合同合宿中によくこれがあって、集合場所の体育館に朝4時ごろ行くと、最前列にプレゼント用のスポーツ用品が置いてあったりした。早起きした人へのごほうびである。

あとは「本を読みなさい」と、うるさいぐらいに言われた。「時間があったら本を読め」というのが鶴谷先生の口グセ。ジャンルは何でも良かった。小説でも自伝でも、何でもいい。本を読む習慣がついたのは、そのころからだと思う。海外に遠征する時は、必ず文庫本を数冊、スーツケースの中に収めた。それまでは、時間があれば外で遊ぶか寝ているかだったのに、先生のおかげで本を読むことが好きになった。先日、高校へ立ち寄った時に「お前、電車の中で寝てたやろ」と怒られている後輩がいた。その横で私は「うわあ、当時と一緒や」と思って内心ニヤニヤしてしまった。

手の上に本を広げたまま、ウトウトしているのだったらいい。先生は、「本を読んでいて眠たくなったんだったら、それはそれでいい」というのだ。「勉強しよう」「本を読もう」という姿勢が大事。最初からその姿勢も見せないで眠りこけているのは、論外ということになる。

厳しかった先輩、後輩の間柄

高校時代は先生が厳しかったが、部員の上下関係もまた厳しかった。報徳に入ったことを後悔はしなかったけれど、「すごいところへ入ったんだなあ」と実感する日々。それでも、「陸上部は他の部に比べてゆるい方なんだよ」と先輩が言っていた。

部室では、1年生はクツ棚の前に体育座りをしていないといけなかった。合宿などでは寝場所が上の学年から埋まっていくので、1年生の寝るスペースがほとんどない時もあった。下級生の方からむやみに上級生に話しかけてはいけなかったから、ほとんど口を利いたことがない先輩も多い。私がいくらジュニア・オリンピックの400mで優勝した選手だからといっても、片や全国高校駅伝で3連覇に挑もうというチーム。特別視などあり得ない。長距離組が走っていく時に、私たち短距離組は自転車で荷物を持って行ったりしていた。試合の時など、スターティングブロックやテントといった大きな荷物は、学校に近い阪神地区の人が持って帰ってくれたが、ユニバー記念競技場が会場の時は私たち神戸地区の部員も分担した。

報徳では、大学で言う「新入生歓迎コンパ」のような行事が恒例化しており、父母の方や先輩が作った焼きそばを、新入生が腹一杯食べる。これがまた大変で、好き嫌いは許されないし、残すのも絶対にダメ。フーフー言いながら、必死で腹に詰め込んだ。その後の合宿でも、食べる量の多さに驚かされた。ご飯もみそ汁も、どんぶりで目一杯。おかずやフルーツは、大皿にドン、ドンと盛られていた。家で台所に立ったことはないのに、高校の合宿では、私も食事づくりの手伝いをし、食器洗いからやった。

競技の強い、弱いは一切関係ない。逆に、強い子の方が積極的にやらされたと思う。私の代は寄がキャプテンで、私は「空き缶集め係」の責任者だった。アルミの空き缶を毎日、全校のごみ箱から集めてきて売る。その売り上げを貯めて陸上部の備品を買っていたのだが、その収集係だった。

1年生のうちは厳しい上下関係にとまどいはあったものの、自分が2年、3年と進むにつれ「報徳の伝統はこういうもの」という本質がわかってきた。新入生の言葉遣いは、2年生が注意する。「はー」とか「えー」とか使わずに、必ず「はい」と言う。「強い学校はこうあるべき」というスタイルができ上がっていて、実際に強い学校だったので疑う余地はなかった。これはすべて鶴谷先生が、部員の一人ひとりに目を配り、注意が行き届いていたから成り立ったことだと思っている。先生は実に敏感で、生徒の心の動きを読むのが早かった。これもまた、競技の強い、弱いとは関係ない。今会うと、先生は「伊東も競技でつらかった時代があったやろけど」と言ってくださる。卒業して何年たっても気にしてくれているんだなあと思ったら、改めて恩師の偉大さに気がついた。

全国高校駅伝で3連覇

いくら厳しくても、先生に対しては不満はなかったが、ただ単純に駅伝に対しての反発はあった。私は高校1年生の秋、鳥取国体の少年B400mで優勝している。鶴谷先生は「あ、おめでとう」と言ってくれたが、それで終わり。駅伝という団体での優勝と、個人の優勝と、評価に大

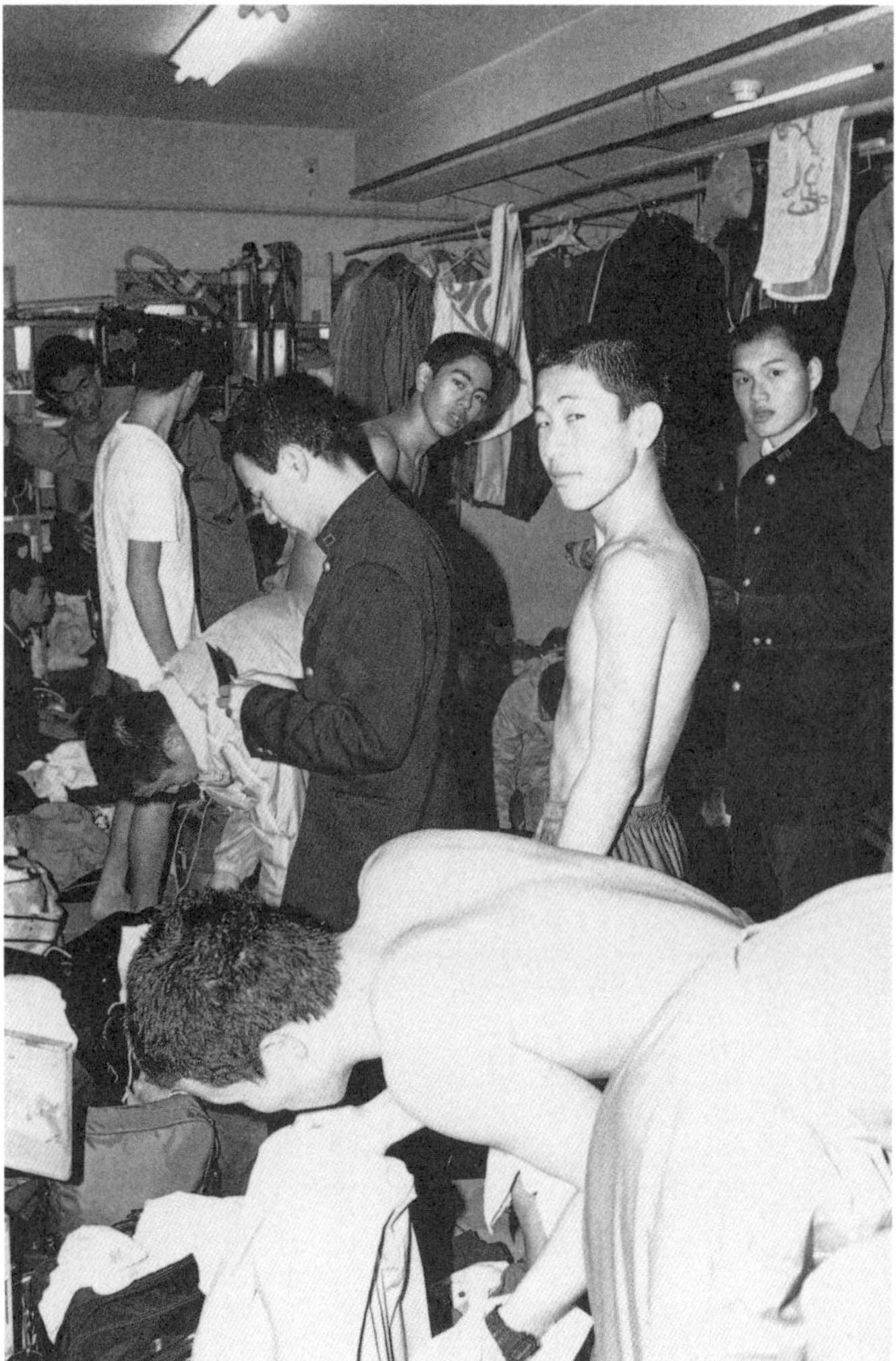

多感な時期を私立の男子校で過ごした伊東は，栄光も挫折も味わった

きな差があった。そのあたりで私が不満を持っていると思われたのだろう。先生は先回りして、「報徳の駅伝には先輩が築いた歴史があるからや」と私にクギをさした。その後、オリンピックや世界選手権を経験したが、駅伝で連覇を狙っていた年の、あの緊張感というのは、それに優るものがあった。

駅伝のシーズンが近づくと、報徳は武庫川の河川敷での練習が多くなる。私たち短距離組は、毎日練習コースのラスト500mを足長で測って、試合の時に「先輩、あと残り何百mです」と声をかけるのに備えた。レースで「ラスト1km」の標示はあっても、それ以降はない。私たちが足で測って、残りの距離を知らせるのである。

全国高校駅伝の当日は、京都国際会館前でバスから降ろされた。そこから白川通を跨線橋の方へ2kmほど歩く。行きは3区、帰りは4区の選手をそこで応援する。私が1年生の時の、3連覇を狙っていたあの雰囲気は、どう説明したらいいのか。「何がなんでも負けない」というムードに満ちあふれていて、怖いぐらいだった。まして、短距離のわれわれはどうしたらいいのかわからない。長距離以外で同期が4人、先輩も各学年3～4人ずついて、走幅跳でインターハイに出た3年生もいたのに、どうも肩身が狭かった。しかし、今になれば、あれはあれでいい経験だったと思う。高校生だというのに、毎日社会人研修を受けているような感じで、張りつめていた。

テストの点数が悪かったら練習をさせてもらえなかったし、赤点を取るとミーティングで公表されることもあった。それがイヤだから、初めて勉強した。私が勉強らしい勉強をしたのは、高校に入ってからである。

1、2年生のインターハイは準決落ち

練習はと言うと、先輩がスケジュールを作って、みんなでやっていた。高校生になって、初めてバウンディングをやったと思う。神戸市立平野中学校の池野憲一郎先生（現・福田中学）らにお世話になるのは、2年生の冬からである。

高校に入った当初は、先生が「400mはやめておけ」と言って、100m、200mが中心だった。同期の寄が400mを主にしていたので、あるいは種目を分けたかったのかもしれない。こっそり4月7日の県記録会に申し込んで400mを走ったら、49秒6だった。

1年生の時は、近畿地区大会200mで落選。金沢インターハイ（1985年）に出場できたのは、マイルリレーだけだった。何と、驚くことに近畿大会で優勝した時に出した3分16秒9は、インターハイ出場リストのランキング1位。寄と私が1年生だったし、400mで中学時代に成績を残している選手ということで話題になったが、本番ではあっけなく準決勝で落ちた。

身長の伸びが止まって、体重が少しずつ増え出したのが、そのころからだった。とにかく朝が早いから、朝練習を終えてお弁当を食べ、お昼にもう一つの弁当を食べる。1回目はご飯とふりかけだけの質素な弁当だが、そうやって1日に何回か食事を取っているうちに、だんだんと身体

1985年秋の鳥取国体に出場。少年B400mで優勝を果たした（右）

が重たくなってきた。

1年の鳥取国体で少年B400mに勝てたものの、2年生の時はほとんどパッとしなかった。200mはまた近畿大会で落ち、山口インターハイ（1986年）の出場切符を手にしたのは、400mと4×100mリレーの2種目だけ、その400mも3番だった。年下の山本厚に負けて悔しい思いを味わったのは、その近畿大会だった。

200m、400mに加え二つのリレーをこなすには、まだまだ体力が足りなかった。400mと4×100mリレーを合わせて1日に5本走ると、それだけでグッタリ。初日で疲れ切って、2日目以降はもたなかった。山口インターハイの400mは、予選こそどうにか通ったが、準決勝で最下位。53秒もかかった。

暑かったからだろう。前の組で走った人がゴールすると倒れ込み、ゲーゲー吐き上げている。そういう選手が何人もいた。目の前で青ざめている人を見て「うわぁ、気持ち悪い」と思ったら、もう走るどころではなかった。苅部俊二（神奈川・横浜南高）が私と同じ組で準決勝を走って3位。決勝まで進出している。

最初に立ちはだかった壁

山口インターハイの後はボロボロだった。県の新人戦でも負けて、４００ｍは51秒ぐらいかかり出した。当然、先生に怒られる。ふてくされる。練習をしない。走れないことを先生のせいにする。そんなことの繰り返しだった。

それまでは、何もせずに記録が出て、試合でも勝てた。冬場に特別すごい練習をしたわけではないし、ウエイトトレーニングなどもやったことがない。蓄積がなかったから、何もしないで順調に行く時期は終わっていた。「練習でその壁を打破しよう」という今のような考えは、当時はなかった。「勝ちたい」という気持ちも薄れてきて、中学時代にそこそこがんばってきた選手が、そのあたりでやめていくケースは多い。まして高校時代は、走れないことを親のせいか、先生のせいか、先輩のせいにして、絶対に自分のせいにしないものである。恐らく、それを先生に見抜かれたのだと思う。県の新人戦の後、明石公園の池の周りを2時間、歌を歌いながらぐるぐると回らされた思い出がある。たぶん、リレーメンバー全員だった。

2年生のころは、中学時代から名が通っていた選手もいれば、新しい顔ぶれが登場してくることもある。私の年代は、その後者が苅部だった。知らないうちに47秒で走られて、「なんでだろう」と悔しいような、うらやましいような気持ちになった覚えがある。鶴谷先生に一番怒られたのが、そのころだった。先生がいなかったら、あるいは報徳に行っていなかったら、私の陸上人生はそこで終わっていたかもしれない。

何の努力もせず、言い訳ばかりしていた時期。練習をさぼりはしなかったけれど、何の目的もなくやっていた。ただでさえ落ち込んでいるのに、そこへきつい言葉が飛び込んでくる。

「伊東も、もう終わりだね」

「あの子は早熟だったねぇ」

言う人は何気ない会話の中で口にしているのだが、本人の胸にはズシリと重く突きささる。高校生がそういう状況から一人で立ち直るのは容易ではない。高い壁になって立ちはだかり、陸上の道を断念する人は実際に多い。

第4章

400mで超高校新記録樹立

同期の快走を目の当たりにして

関西にはブロックの新人戦に当たる近畿高校ジュニアという大会がある。高校2年（1986年）の9月、私はその試合の個人種目に出られなかった。そのころは同期の堀内雅人（大阪・清風高）がすごくがんばっていて、100m、200mで圧倒的な勝利を収めた。それを見ていた私は、置いていかれているような、寂しい気持ちに襲われた。人が走っているのを見てそう思ったのは初めてだった。

県の新人戦で負けた時は、人のせいにばかりしていた自分。一方で、中学の時からずっと勝ちたいと思っていた堀内が、さっそうとトップを駆け抜けている。一緒に走って負けるよりもみじめな気持ちだった。「自分はレースに参加もしていない……」

その時、初めて「人に追いつきたい」とか「勝ちたい」と思って練習をやり始めた。当時の「月刊陸上競技」に奈良・添上高のトレーニングが載っていたので、それをマネして私も駅から学校まで2kmぐらいを走った。添上では、みんなが競争するように駅から学校まで走ってくる、と書いてあった。

朝練習は、長距離と一緒にバスケットボール、補強、マット運動の3つをぐるぐるまわっていたけれど、短距離らしくサーキット・トレーニングのようなものを取り入れたのもそのころから。ウエイトトレーニングの本も初めて買った。ウエイト用のシャフトなどは、1学年下の短距離選手の家が鉄工所をやっていて、作ってもらった。今思えば、よくそう簡単に用具が揃ったなあと思うぐらい、次々と増えていった。「アイツら、やる気になったみたいだな」と鶴谷先生が判断して、お金をかけてくれたのだと思う。

短距離の練習を教わりに、平野中の池野先生のところへ行き出したのもそのころである。鵯台《ひよどり》中学校でお世話になった森岡先生が平野中に移っていたこともあるが、報徳の鶴谷先生も「行って来い」と勧めてくれた。不思議な縁だけれども、私が高校3年で立ち直れたきっかけは、2年から3年にかけての〝池野式トレーニング〟にあると思っている。

そのころは、添上や福岡の八女工、京都の洛南、愛知の中京などと合同合宿をひんぱんに行った。高3を迎える1987年の初日の出は、八女で見た思い出がある。

そして私は、合宿に行くたびに「この練習で強くなる」と確信を持った。以前は他校の練習についていけなかったのに、今度は楽につける。自分が強くなっているのが実感できて、合宿に行くのが楽しみになった。

その後も伝統は生きていると思うが、当時はリレーと言うと八女工。八女工と言えば緒方（善政）先生だった。私たちが高校3年の時、札幌インターハイで松山（埼玉）が41秒01を出して破るまで、八女工は男子4×100mリレーの高校記録を10年間も保持していた。さらに10年後、緒方先生の教え子の宮崎久が東海大に入って来て、私は同じグラウンドで練習をした。まさかそんな巡り合わせがあろうとは思いもせず、高校生だった私は緒方先生の熱心な指導に耳を傾けていた。

競技人生で最も走り込んだ時期

池野先生は兵庫県の社《やしろ》高校出身で、その時の社高の先生が、のちに鶴谷先生のライバルになる渡辺公二先生（現・西脇工高）というのだから、巡り合わせとは不思議なものである。ご自身は跳躍が専門だったが、短距離で全国レベルの選手を何人も育てている。私たち報徳の短距離ブロックも池野先生に練習スケジュール案を立ててもらい、それを鶴谷先生に相談してから行っていた。

これがまたハードな内容だった。池野先生は恐らく「アイツらはさぼるだろう」という前提で練習を組んでいたのだと思う。たとえば、３００ｍを何本という練習。本来なら10本でその練習の効果があるとすると、「どうせ高校生だから7本ぐらいで手を抜いているだろう」と思って、13本とか15本と言ってくる。何でも余分にセットが組まれている。われわれはそれを、みんなで真面目に、言われる通りにこなしていった。高校や中学の先生方のネットワークで指導していただいたあの時期の練習が、私の基礎になっていると言っていい。

合宿に行くたびに「強くなっている」と確信して高校2年の冬を越し、高3の春を迎える前に神戸室内という大会があった。私は４００ｍに出場したが、負けた。それで、さらに「やらなくちゃ」と思って練習に励んだ。目に見えて「強くなっている」という実感があったので、負けても腐ることはなかった。

練習は当時主流だった旧東独や旧ソ連の形態で、いわゆる「マック式トレーニング」と呼ばれたもの。極端な例だと、20kgのシャフトを担いで300mのもも上げ、などというのもあった。今だったら疑ってかかってできないかもしれないが、そのころは「また持ち上げられた」「これだけできる距離が長くなった」と、それまでできなかったことができるのがうれしくて、毎日張り切ってやっていた。

私は高校3年になった途端、400mのレースに対する取り組みが、それまでとガラリと変わった。1レース目からだったと思うが、前半からぶっ飛ばすようになっている。なぜかと言えば、冬場に距離を走り込んだという自信。それに、合宿でインターバルなどをやっても、絶対に遅れをとらなかったこと。なにしろ朝から200mのインターバルを何十本とか、砂浜300m×30本という練習をこなしていた。走ることに関しては、陸上競技人生の中で一番練習をやった時期ではないかと思う。

その他、バスケットボールをみんなでギャアギャア言いながら1時間やったり、サッカーを休憩なしで1時間とか、そういう練習メニューだった。報徳に合宿に来ている中距離選手の練習を見たり、聞いたりしても「なんだ、楽勝じゃないか」と思えるぐらいに、われわれ短距離ブロックの方が練習をやっていた。「あれだけ練習したんだから」という自信に優るものはない。私の高

3のシーズン目標は「インターハイ優勝」のみ。照準は夏の札幌に合わせていた。

寒さと風の札幌インターハイ

1987年、高校3年になって、400mの1レース目は確か48秒4だったと思う。2年生の最後のレースが51秒1で終わっていることを考えると、格段の差だった。それも「インターハイに合わせているから、まだピークを持って来ない」と言われた中でのレース。疲れていてもそれぐらいで走れたし、ゴールまでもたないにしても最初から飛ばしていく勇気があった。

6月初めの兵庫県予選。400mは47秒3の近畿高校新記録で優勝、4×100mリレーも41秒5の県高校新で圧勝した。私はマイルリレーもアンカーで走って、こちらは4位。もう1種目、200mは100mで優勝した白箸《しらはし》宏隆（豊岡高）に負けて2位だった。

その2週間後に行われた近畿地区大会は、400mと両リレーだけに絞った。リレーは4×100mが4位、4×400mが3位に入賞して全国大会に進めたから良かったのだが、肝心の400mの方は、飛ばすだけ飛ばして添上高の山本厚に負けた。2年生の山本は、47秒16の近畿高校新をマークして、一躍インターハイの優勝候補。他にも全国各地で47秒台が次々と出て、その年の男子400mは「史上空前の激闘」と言われた。出場者のランキングでは、47秒16の山本がトップで、47秒32の苅部俊二（神奈川・横浜南高）が2位、私が47秒3で3番手。インターハイで46

高校３年の札幌インターハイ400ｍ決勝。８レーンの伊東（左端）は前半から飛ばしたが，最後の直線で失速。８位に終わった。右から２人目が優勝した山本厚（奈良・添上高）

秒台が期待されるのも当然と思われるほど粒が揃った年だった。

ところがその年、冷夏に見舞われた北海道は震えるぐらいに寒くて、札幌郊外の厚別競技場にはストーブが持ち込まれるほど。おまけに４～５ｍの風が選手たちを悩ませた。報徳は急きょ、冬の駅伝用のウォーマーコートを送ってもらって寒さをしのいだ。寒いのはイヤだったが、そのコートを着られたのはうれしかった。私たちは駅伝の時にそのコートを着られなかったので、「長距離はいいな」と心の隅でひがんでいたのである。「長距離と同じ扱いをしてもらっている」と思ってうれしかったことが、もう一つ。駅伝の時、報徳はトイレの確保と選手の集中のために、民家のガレージなどを借りるのだが、札幌でも同じように手配してくれた。ましてや、うちの学校としては珍しく、５０００ｍで誰も出られなかった年。あの年だけ長距離の出場者がゼロだった。

札幌インターハイのレースに話を戻すと、近畿地区大会同様、私は飛ばしに飛ばして、死んだ。山本厚が今でも「伊東さんがいいペースで飛ばしてくれて」と笑い話に持ち出すレース。自分でも、水濠のあたりで「ダメや」と思った。あんなのは最初で最後ではないだろうか。それぐらいに飛ばした。200mの通過が21秒そこそこ。そのころのベストに近いようなタイムでいった。8レーンだったし、「自分の取り柄はスピードだ」と思って走っていたので、落とそうという気はまったくなかった。そこまでは44秒ペースで、いかにも快調だったのである。

ところが、最後の100mは16秒以上かかって、最下位まで落ちた。7レーンの苅部が「とても追いつかないと思ったら、追いついた」と言う。苅部が7位で、私が8位。「300mを通過してから波のようにいかれたね」と、のちに富士通でチームメイトになってから言われたことがある。

山本が優勝したが、強風ということもあって記録は47秒61。地元・北海道の小森勝（帯広柏葉高）が2位に食い込んできた。鶴谷先生は「優勝すると思っとったのになあ」と言っただけで、怒ることはしなかった。皆、毛布にくるまって観戦しているというのに、先生だけは半袖、短パンで芝生に寝転んでいたので、すぐにわかった。400mのスタートの時、その格好でテレビに映っている。

自分でも「優勝するにはあの戦法しかない」と思っていたので、負けてもあまり悔しさはなかった。今でもない。後半には自信があったし、県の大会はそれで粘れた。トップで飛ばして、ヨレヨレになって追いつかれても、また二段スパートで逃げることができた。厚別では、風に乗せられ、風に止められたと思っている。

あの時は1番しか狙っていなかったので、2位以下は考えていなかった。取るべき手段を取って負けたのだから、結果には納得できた。ただ、何がイヤだったかと言えば、自分が8番だとわかっているのに、正式発表があるまでその場から帰してもらえなかったこと。当時はまだ6位までしか表彰状がもらえなかったので、結果を聞いてから、7位、8位はスゴスゴと去るしかなかった。

リレーは6位と7位で両方とも決勝に残った。どっちもアンカーを務めたが、マイルは準決勝を通っただけでもうれしかった。400mで50秒を切る人が他にいないようなチームで、よくがんばったと思う。合宿でお世話になった先生方が喜んでくれたことも、うれしかった。

「アウイタに負けるな」

札幌インターハイは、積極的に飛ばした結果の8位だったから、鶴谷先生は雷を落とさなかったのではないだろうか。屋外シーズンに入った当初、春季サーキットにモロッコのサイド・アウイタ（当時5000mの世界記録保持者）が来日して以来、先生の口グセは「アウイタの（400

mのベストは46秒8だ」と、そればっかり。「5000mのランナーで46秒8やったから、お前は前半からいけ」と。アウイタが日本に来た時に自分で確認したのか、あるいは人づてに聞いた話なのかはわからない。

アウイタは5000mで、世界で初めて12分台をマークしたランナー。1984年のロサンゼルス五輪で金メダルを取っている。そんな超一流選手を引き合いに出して「5000m走者でも46秒で走れるのに、なんでお前らそれぐらいでいけんのか」と来るのだから、先生の発想はすごい。「400mなんか5000mの何分のいくつや」と言われても、比べる相手が違うというもの。それでも、そんな突飛なハッパのかけ方に乗せられた節はある。インターハイまでは、怖い者知らずで飛ばすレースに徹していた。

ところが、北海道から帰って来てすぐの国体予選では、飛ばすのがすごく怖くなっていた。前半は自重していって、七分ぐらいの力でスーッと。後半も楽に走ったら、48秒そこそこのタイム。「これかなあ」という漠然としたレース感覚。「これやったら、もう少し記録が出そうかなあ」とも思えて、その後練習に身を入れた。そうしたら、練習をやり過ぎて疲労骨折。8月末のことだった。何だか左足小指のあたりが痛くてクツが履けなくなって、レントゲンを撮ったら「疲労骨折の疑いあり」という診断。1カ月以上練習を休む羽目になった。

それまでクツなど気にしたことがなくて、安価な、きつめのを履いていたので、最初痛みに気づいた時はそのせいかと思った。まさかそんな故障をしているなどとは思いもよらない。お城の階段上りを50本とか、むちゃくちゃ練習をやったツケがこれだった。休んでいる間は、足に砂袋をつけて、平行棒に両腕でぶら下がって、ひたすらその場もも上げを行った。今だったら自転車漕ぎだろうが、まだ原始的な方法でリハビリをやっていた。

10月初めになると、同期の寄が「１００ｍを走りたいから浜松中日カーニバルに行く」と言う。寄はその年、肉離れをしてインターハイもリレーだけの出場だった。やはり卒業前に記録を残しておきたいという気持ちが強かったのだろう。それと、電気計時でマイルリレーの県高校記録を出していなかったので、みんなで「浜松へ破りに行こう」と盛り上がった。４００ｍリレーは破っていたが、マイルの方は明石南高の記録に迫りながら、まだ破れずにいたのだった。故障で１カ月のブランクがある私は、ぶっつけ本番のレースと言っていい。それなのに、１００ｍで10秒80が出て、リレーも3分16秒92で目標を達成できた。気分屋の私は「もうこれで大丈夫」と、故障の憂うつからすっかり解放された。

沖縄国体400ｍで高校新

同じ年の10月末に沖縄で開かれた海邦国体。季節は秋に移っていても、夏の北海道よりよっぽど暑くて、改めてインターハイを体験しているような感じだった。しかも、少年男子Ａ４００ｍの決勝は、同種目の札幌インターハイ決勝に残った顔ぶれとまるっきり一緒。８人がそのままス

インターハイの雪辱を期した秋の沖縄国体では，少年Ａ400ｍで46秒52という驚異的な高校新記録を樹立。晴れやかな笑顔を見せた

沖縄国体の400ｍ決勝は，インターハイとまったく同じ顔ぶれの８人で争われた。
６レーンの伊東（左端）は、今度は後半勝負に持ちこみ高校新で優勝を飾った

タートラインに着いた。これは珍しいことだ。

私の出番は大会の後半で、初日には少年Ｂ５０００ｍがあり、報徳からは村松明彦という後輩が出場した。翌年の神戸インターハイでは、３０００ｍＳＣで優勝した選手である。鶴谷先生は、沖縄に着いた当初、私に「村松の荷物持ちをしとけ」と指示した。故障明けで私が大して走れそうもないのがわかっているので、そんなことを言われたのだろうか。これで私の気持ちはプツンと切れた。村松は2位に入った。「どうしよう」と内心動揺したが、「絶対に２番より上にいってやろう」と心に誓った。先生を見返すにはそれしかない。心の中の〝対駅伝〟意識に火がついた。

１９８７年10月29日。私が４００ｍで46秒52の高校新記録を樹立した、記念すべき日である。それまでの高校記録は、前年の山梨国体で小林

「これ以上はやれない」というほどの猛練習をこなして，
ついに高校ナンバーワンの座に登りつめた

智さん（静岡・吉原商高）が作った46秒57だった。沖縄国体の決勝に残ったメンバーは札幌インターハイと同じだが、それぞれのレースぶりは違っていた。インターハイの時、8レーンで飛ばしてつぶれた私は、今度は6レーン。真ん中のレーンに入れるように、予選、準決勝と気をつけて走った。代わって、インターハイ優勝の山本厚（添上高）が8レーンに入り、前半から飛ばしていった。

インターハイと同じ轍《てつ》を踏まないように、私は「水濠のあたりまではどんなことがあっても我慢」と思って、レースに臨んでいた。走り出したら調子がいい。ケガをして1カ月練習を休んだおかげで、すっかり疲れが抜けていたのかもしれない。

全体の流れを見渡しながら「アイツがここにいる」「アイツはあそこ」と確認した。アウトで山本がかっ飛ばす。サーッと気持ち良くペースを上げていき、水濠のあたりでパッと見ると、インターハイ2位の小森（帯広柏葉高）が前にいる。「こりゃ、追いかけな」と思ってそこからフルパワーでいったら、優勝していた。再び苅部の証言を借りると「オレら2人が後ろからいった」と言う。たぶん第4コーナーをまわるあたりまでは4〜5番手だったと思う。それから「誰を抜いた」「次、誰を抜いた」とみんな覚えている。最後に小森を抜いて、「ああ、優勝や」と思った。苅部は3位に入って、山本は6位にとどまった。

46秒52の記録にはビックリしたが、まだまだ余裕があった。この時は予選から快調で、ゆっくり走っても47秒台。準決勝も余裕たっぷりでいったのに、47秒27が出た。もう天狗の鼻も高々で「今日決勝をやったら勝てる」と豪語していたぐらい。恐らく夜のミーティングでも、そのようなことを言ったかもしれない。こう振り返ってみると、先生が「荷物持ちをやれ」と言ったのは、私を燃えさせるためではなかったのか、と思えてくる。そうやって、人の心を読むのがうまい先生だった。

大学進学を前に不安が……

４００ｍの46秒52からすると、２００ｍの高校時代のベスト21秒2は今ひとつかもしれないが、何しろ２００ｍの試合には3回しか出ていない。21秒2は高3の5月、県私学大会というレースで出した。その前日には400m×10本という練習をこなしている。調整なしで出た試合だった。前にも書いたが、今までの競技人生の中で一番練習をやったのが報徳時代と言える。いろんな知識が頭に入ってしまったからかも知れないけど、あれ以上はできそうにない。当時は鶴谷先生、池野先生の言うことに疑いを持つという発想すらなかった。

100mの坂道バウンディング。あれをやる時はしんどかった。しかも、20本という日があった。メイン練習の後には、ショート・インターバルというメニューが必ず入った。60m×5本とか、30m×6本とか。ダーッと全力で走っていって、帰りのジョッグの時には「今、何本目」「はいッ」と長距離のようにかけ声をかける。46秒台を出してからというもの、さらに練習意欲が増して、そんなスケジュールも苦痛ではなかった。

しかし、国体の後、シニアの選手を集めた陸連合宿に呼ばれるようになって、転機を迎えることになる。翌年がソウル五輪の年だったので、トップ選手を集めた合宿は頻繁に行われていた。当時、日本の短距離を率いていたのは東海大の宮川千秋先生で、高野進さんが現役バリバリのころ。陸連合宿イコール東海大と思えるほど人材が揃っていた。その合宿で、私は初めて「タイムトライアル」という練習法を教えられた。それまでの練習は質より量で勝負。1本で出し切る練習はやったことがなかったので、合宿、合宿を繰り返すうちに、距離に対する不安が募っていった。

第5章

大学でぶつかった高い壁

東海大経済学部へ入学

1987年から88年にかけてのシーズンオフ、千葉県の検見川や神奈川県の平塚、そして沖縄など4～5回は全日本のシニア、ジュニア合宿に呼ばれた。1月の全体合宿の時には、高野進さんなどの短距離陣だけではなく、やり投の溝口和洋さんなど、テレビや雑誌でしか見たことがない選手が大勢いた。高校生は私と苅部、400mハードルの山口茂（京都・洛南高）、やり投の島田浩次（京都・東稜高）ら。

ただでさえ緊張しているのに、その合宿で私はタイムトライアルを初めてやって、わけもわからず走った。かつての400mの名ランナー、小中冨公一さん、川角博美さんらと一緒の時もあったし、一人の時もあった。高校でも試合の前に300mのタイムを計ることはあったが、「何秒以内で来い」とか「何秒で通過して来い」と、タイムを要求されて走ることはなかった。これがだんだんと苦痛になって、合宿に行くのがイヤになっていく。しかし、私が入った東海大の練習が、まさに全日本の合宿と同じような方式だったのである。

沖縄の国体で46秒52の高校新記録を出したころ、私が東海大に進むことはすでに決まっていた、と思う。自分のことなのに「と思う」というのはあまりにも無責任な話だが、進路のことは鶴谷先生にまかせてあった。実際、入試の前日まで、東海大がどこにあるのか詳しくは知らなかった。

本音を言えば、関東には出たくなかった。関西に残りたかった。それでも「体育奨学生に決ま

高校を卒業する直前の1988年２月，神奈川県平塚市で行われたジュニア日本選抜合宿に参加。前年秋に400ｍの高校新をマークしている伊東は短距離陣のホープに躍り出た

った」と聞いて悪い気がしなかったのは、高野さんがいたからだ。私が高野さんを知ったのは中学校3年の時。ロサンゼルス五輪をテレビで見た。高野さんの大学院修了と私の高校卒業の年が一緒で、私が東海大に入った年に高野さんは助手としてスタートしたばかりだった。

当時「野口荘」という短距離の寮があって、入試の時にはその4畳半の部屋に宿泊させてもらった。月刊陸上競技の「マイプライバシー」というコーナーにたびたび登場していた寮なので、「これがうわさの野口荘か」と思った。その後「野口荘」は改築され、私が泊まったのは入試の時だけだった。

体育学部ではなく経済学部にしたのには、ちょっとしたわけがある。一つは体育学部の実技で鉄棒をやるのがイヤだったこと。こんなことは、もちろん鶴谷先生には言っていない。もう一つは、報徳学園高のOBで日大に進んだ荒田祥利さんの影響。荒田さんが大学4年の時、私が高3で、ちょうど教育実習に来られていた。

そのころ荒田さんは1500mのトップランナーで、ユニバーシアード大会やアジア大会に出場していた。鶴谷先生は「荒田が経済だから、お前も経済に入って、しっかり勉強しろ」と言っていた。先生は「体育学部を出ても、採用が少なくて体育の教員にはなりづらい」ということも気にしていたようだ。

しかし、部員のほとんどが体育学部の中にあって、経済学部の私は生活のリズムが違い、練習に出られない時もあった。体育の人は土曜日の授業はなかったが、私たちは授業があった。特に

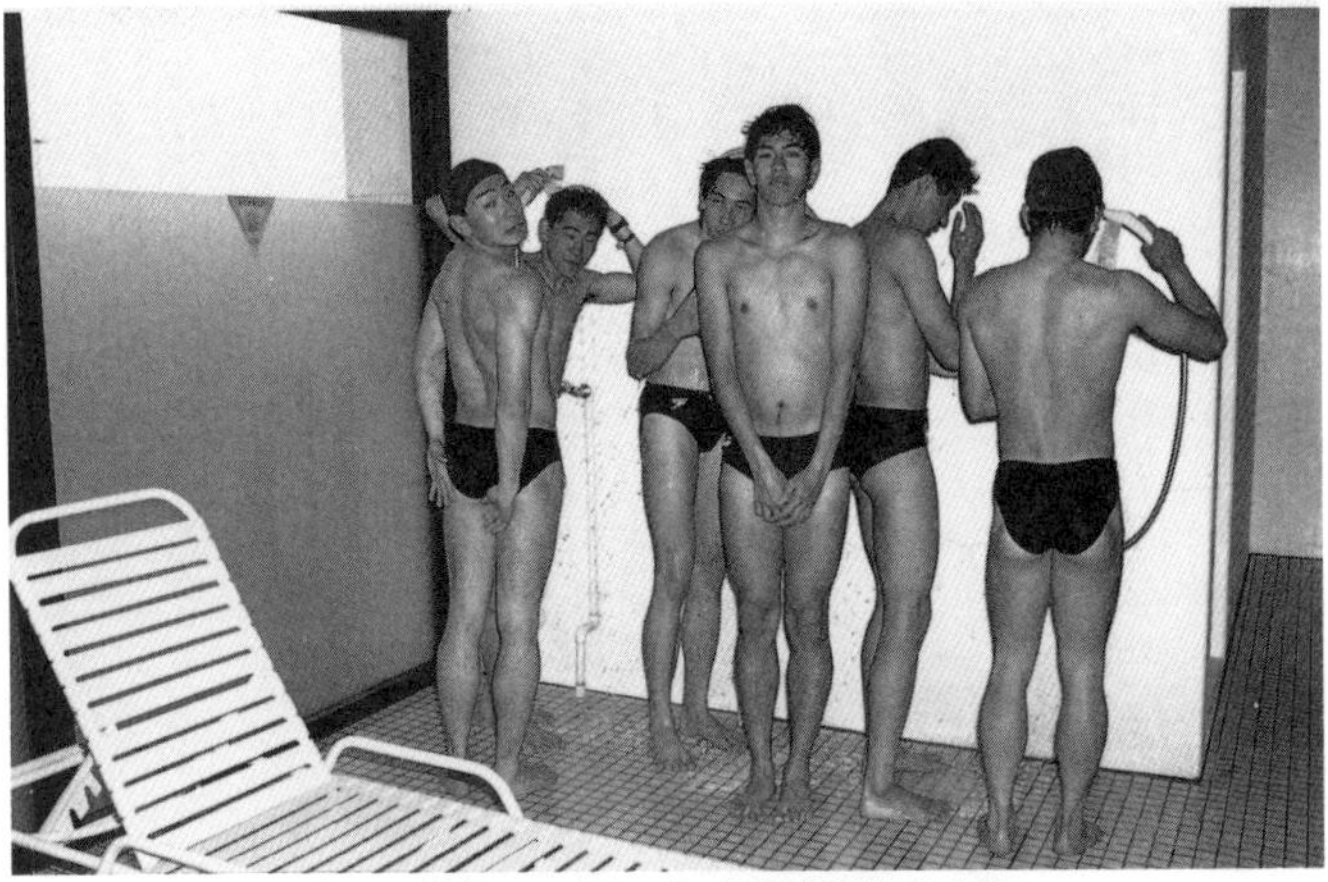

ジュニア合宿でのスナップ。伊東（中央）の左は，
のちに富士通でチームメートとなる苅部俊二

1年時はカリキュラムがきつくて、テストになったらてんてこ舞い。徹夜も覚悟だった。それでも、経済学部の先生方は「運動したけりゃ体育学部に行ってくれ」というような雰囲気で、公欠の許可をもらうのも後ろめたさがあった。

練習への戸惑いと体重オーバー

1988年4月に東海大へ入学。その年、東海大には有力選手が集まって、各ブロックに全国大会の上位入賞者が揃った。札幌インターハイでハンマー投2位の北村彰伯（愛知・中京高）、走高跳2位の菅原稔（埼玉・松山高）、走幅跳に優勝した安藤禎浩（愛知・愛工大名電高）と6位の戸田次郎（静岡・浜松工高）。戸田は三段跳でも3位だった。三段跳と言えば、安西啓（東京・調布北高）もいた。大阪からは堀内が一緒に東海大へ入っている。

それほど〝豊作〟の年だったのに、私は1年生の時から関東インカレに出場するチャンスをもらった。しかし、400mで予選落ち。自分でも疲れているのがわかるほど環境の変化に順応できていなかったし、何よりも体重オーバーで身体が重たかった。

初めて子供を手元から送り出す親は「とにかく健康に気をつけて、食事だけはしっかり取りなさいね」と言うものではないだろうか。うちの親もそうだった。「やっぱり食べなくちゃいけない」と、自分でも思い込んでいる節があった。高校の時は練習量が多いこともあって、どんぶり飯を平気で食べていた。「強くなりたかったら食べなさい」と言われていたし、食欲に見合う練習を消化していた。

ところが、大学に入ったら、タイムトライアルのように1本に集中する練習が中心で、量より質に変わった。それなのに食べる量は一緒なので、体重が増えていったのは当然のこと。高校3年の国体で優勝したころと比べると、7～8kg増はあっという間。身体が重たいし、ずっと疲れているような感じで、そのころ血液検査や尿検査をやっていたら、何か病気の兆候が出ていたかもしれない。

精神的なストレスも大きかったように思う。取り立てて上下関係が厳しい大学ではなかったが、言葉には気を遣った。関東の人には関西弁がどうもなれなれしく聞こえるようで、なるべく関西弁が出ないようにした。これは堀内も同じだったと思う。

練習はいきなり専門的な内容になって、ドサッと襲ってきた。高校時代はピストルを鳴らしてのスタートダッシュなんて、ほとんどやったことがない。インターハイの前にちょっとやって「いいか、ピストルが鳴ってから出ろよ」と言われるぐらいのものだった。そして、タイムをきっちり計る練習に、拒絶反応が募っていった。最初はわけがわからないままやっていたが、「タイムを追い求めるのはイヤ」と思い始めていた。その1本の練習もかなりきつかったので、当時は運動量の差がわからなかったのだと思う。食事の量まで気が回らなかった。

私が大学1年の時はちょうどソウル・オリンピックの年で、6月以降は宮川千秋先生も高野さんも留守がちだった。その間は宮川先生が置いていったスケジュールに従って練習をやるのだが、ほとんど身が入っていない。今の東海大の雰囲気と比べたら、雲泥の差だと思う。

「今日は先生がいない」となったら、緊張感が全然違った。経済学部の同期には運動部が5人ぐらいいたが、彼らと一緒に遊びに行ったり、野球を見に行ったり。そのころは川崎球場によく出没していた。

ウエイトトレーニングへの抵抗

何をやるにも初めてのことばかりだったが、ウエイトトレーニングもまた本格的にやるのは初めてで、抵抗感が大きかった。「やらされている」という思いばかり強くなって、大学1年の冬にはウエイトトレーニングが完全にイヤになった。と同時に陸上そのものがイヤになってきて、やめたいとは思わなかったけれど、志すものを失っていった。大学時代の私は、そのあたりで半ば終わったようなものだったかもしれない。

なにしろ、クリーンがどうの、スクワットがどうのと言われても、やり方がわからない。ベンチプレスだってやったことがなかったので、シャフトをどうやって握っていいのかすら知らない。それでも補助の人が立って、無理に上げる動作を強いられる。自分の頭の中では「ウエイトで筋肉をつけて強くなる」というよりは「上がらないのにやらされている」というイメージだけが増幅して、「こんな重たいもの持てっこないのに」と思いながらやっていた。

当時、宮川先生は私と堀内と札幌インターハイ200mで7位だった米沢昌宏（埼玉・浦和工高）の同期3人を一緒に練習させることが多かった。3人の競技力から判断すると、ベンチプレスは80～90kgという前提からスタートしたのだろう。しかし、私だけ60kgも持てない。スクワットは100kgぐらいになるとフラフラになって、挙げ句には腰を痛めた。堀内たちよりずっと軽くしてもらっても、そんな状態だった。

彼らはベンチプレスはこうやる、スクワットはこうやるという基本を、大学に入った時点で知っていた。「私は知らないから教えてください」とも言えなかった。聞くのが恥ずかしいというより、そういう雰囲気ではなかった。

指導者が複数の人をいっぺんに指導する場合、ある程度皆ができるように真ん中あたりで基準を定めることが必要になってくる。一番上に合わせるわけにはいかないし、一番下に合わせるわけにもいかない。今、自分が指導者の立場になってわかることだが、宮川先生の選択は絶対に間違いではないと思う。真ん中への重さはこれぐらいだろうと読んで、ウエイトトレーニングの内容を組んでいたはずである。現に他の選手は、その重さをこなしていた。

〝落伍者〟の一番手が私だった。堀内や米沢とは最初からウエイトのケタが違ったし、高野さんが見ている400mブロックの女性より、私は筋力がなかった。「イヤだ、イヤだ」と思っているから、明らかにやる気のない走りだったと思う。走ること自体はイヤではなかったが、はた目にはそう映っていたのではないだろうか。どこの大学にも、そういうヤツは1人、2人いるに違いない。

2年でさらにイヤになり、もっと走れなくなった。シーズン中はウエイトトレーニングが週に1～2回になるが、冬の間に基礎体力のなさを思い知らされている。身体は大きくならないのに、「イヤだ」という気持ちはどんどんふくらんでいった。

いま思えば、宮川先生が作成したウエイトトレーニングは、全部必要だと思う。だけど当時は「早く（トレーニングの）時間が過ぎればいい」と、そればっかり。「ベン・ジョンソン、ジョンソン、青戸（慎司）さんは青戸さん」という思いがあった。「（ウエイトよりも）走らせてくれ」と思っていた。

高校の時みたいに目一杯走りたい、高校に帰りたいと思った。東海大の練習に面と向かって取り組むことができなかった。

（注）ベン・ジョンソン（カナダ）は当時の100m世界ナンバーワン。ソウル五輪で金メダルを獲得したが、禁止薬物使用でメダルを剝奪された。青戸はソウル、バルセロナ両五輪日本代表。1988年9月11日に日本人として初めて10秒30の壁を破る10秒28の日本新記録を樹立した。ともに鍛えぬかれた筋力は抜きん出ていた。

何がイヤかって、補助をつけてやるウエイトが何よりもイヤだった。結果論的にはあれが基礎となって次に進めたということはあるけれど、補助をつけてまでやるのは「もう上がらないからやめさせてくれ」と叫びたいような心境だった。

上がらなくなってから「あと何回」と言われる。それが1セット目にきたら、2セット目は絶対にできないと思ってやるので、気持ちは完全に後ろ向きになっている。そういうことが積み重なって、ますますウエイト嫌いに拍車がかかった。

できないのにやらされる。抵抗感ばかり増していく。そうすると、報徳でやっていた練習がどんどんよみがえって、「あっちがいい、あっちがいい」と思う。やっぱり46秒台が出たという練習が根底にあったので、「ああいう練習だったらいけるのになあ」と、頭の中でずっと考えていた。

しかし、夏休みに帰省しても、なかなか心は休まらなかった。「伊東はもうつぶれた」だの「消えた」だの。「もう放っといてくれ」と思った。素直な気持ちになっていないから、高校に行って鶴谷先生の話を聞いても、まったく耳に入らなかった。「もう放っといてください」と言いたかった。

陸上競技をやっていて、私がぶつかった第二の壁である。この壁が一番高かった。乗り越えるのに、大学1年から3年までを費やした。

スランプ脱出の兆し

大学3年（1990年）は北京アジア大会の年で、夏休みのころはやはり宮川先生も高野さんも留守がちだった。私は相変わらず宙ぶらりんの状態。競技に対する目標はまったく持てなかったし、卒業後、実業団に入って陸上を続けたいとも思っていなかった。それでも、みんなでやる合同練習が終わった後、坂道に行って走った。同期の菅原が「あと1年だからがんばろうぜ」と言ったので、「そうだなあ」と思ったからである。

走高跳の菅原も1〜2年のうちは低迷していた。3年になってインカレで入賞するようになったが、やはりつらい時期を経験している。彼がまた、思っていることをズバッと言うタイプで、私は結構辛らつな励ましを受けた。「お前が悪いんだ」というような言い方は、関西っぽい励まし方だと思う。その後、富士通に入って競技を続けていた時、たまたま菅原に会うと「お前、まだやってんの」と言われたことがある。

そうやってボチボチと自主練習をやりながら、大学3年の8月に自動車教習所へ通い始めた。「運転免許を持っていたら就職の幅が広がる」という真偽のほどは確かでない情報も流れて、私は

大学3年（1990年）の秋に復調の兆しを見せ，9月12日の四大学対校では400mと4×100mリレーの2種目を制した

その気になった。
　すると毎日の生活がだいぶ変わって、メリハリがついてきた。だいたい午前10時から練習を始めると、午後1時ぐらいに終わって、その後は寮に帰って昼寝をするヤツもいれば、遊びに行くヤツもいる。私は練習後に教習所へ行くというアクセントがついた。
　そのうち、兵庫県の国体予選に出て、たった3人しか出ていなかったけれど優勝した。200mで、22秒くらいかかった。
　そもそもは家に帰りたいがために申し込んだ大会だった。そのころは、時間があったら関西に帰りたいと思っていた。電車が好きだったから、JRの「青春18きっぷ」を使って、各駅停車を乗り継いで神戸まで帰ったこともある。たぶん鶴

90年の福岡国体成年Ａ200ｍ決勝は東海大の同期対決。埼玉代表の米沢昌宏が21秒51で優勝し，伊東は100分の４秒差で２位と惜敗したが，長いスランプからやっと抜け出した

谷先生が推してくれたのだと思うが、そんな遅いタイムでも、私は福岡国体の代表に決まった。「それやったら、ちょっとはがんばらないと」

私は以前より熱を入れて、坂道を走り出した。「そんなに報徳の練習をやりたかったら、合同練習が終わってからやればいいじゃないか」と誰かに言われた記憶がある。「あ、そうか」と思って、毎日10本、20本と坂道を走って上がった。

それからは、困ったら坂道に行く。やることが見つからなかったら坂道。大学1～2年のころにもやっていたが、タイムを計ったり、スピードが速かったりで、自分にはしっくり来なかった。報徳の練習は本数だから、走って上り、ジョッグで下りて、また上って、下りての繰り返し。まさに長距離っぽい。

大学3年で国体選手に選んでもらったことは、スランプを抜け出す大きなきっかけになった。国体の前、9月に四大学対校戦があって、宮川先生に「47秒台で走らないと陸上部をやめさせる」と言われた。「こら大変や」と必死になったら、47秒8で走れた。1～2年の時には48秒台がベストで、1度も47秒台を出していない。200mは21秒6で走った。

久々に勝つレース。炎天下の江戸川競技場で行われた試合で、忘れていたものがよみがえってきた。順大には1年生の簡優好がいたはずである。1年生なのに、インカレで入賞していた。

五大学対校戦では、筑波大の小森に勝った。そして福岡国体に行ったら、埼玉から出場していた同期の米沢に次いで2着（成年A200m）になってしまった。

ウエイトトレーニングへの取り組み方

その年、400mは浜松中日カーニバルで47秒09まで記録を縮めた。高校3年で出した46秒52にはまだほど遠いが、1レーンでそのタイムが出たので自信になった。

大学3年の冬は、翌年（1991年）に東京の世界選手権を控えて、練習量がぐんと増えた。ウエイトに3～4時間、走る量も多くなって2～3時間。堀内や米沢と一緒に「もう走れません」と言うぐらいまで走った。

それでも何とかこなせたのは、レースで勝てるようになって、目標らしいものが見い出せたからだろう。宮川先生の指導が変わったというより、私が前向きになった分、そう感じていただけかもしれないが、「すごくやった」という満足感が持てるようになった。ほめられることも少しずつ増えてきたので、張りができた。

毎年、年間計画を出す時に、そのシーズンの目標タイムを決める。それがあまりにも現実とかけ離れていたので、内心「こんなタイム出るわけないよな」と反発していた。恐らく、それが出るぐらいの練習計画を立ててくれていたのだと思うが、「何言ってるんだろう」とやる本人が懐疑的では達成できるはずがない。指導者が考えている練習内容と、選手が受け止める練習内容のギャップが大きかった。

私はそうやって再び浮上するきっかけをつかんだが、落ち込んだら落ち込んだまま、競技から遠ざかっていく人は実に多い。ダメになっていけばいくほど、本人はつらく感じているのだ。しかし練習内容を見ると走る量が減ってきて、ウエイトだけやって、十分やった気になっている。

これは私の考えで、否定されることも多いのだが、量を追う時期は必ず必要だと思っている。1年間の流れとすれば、冬場に量を追ってシーズンとともに質へ移行し、休んで、また夏場に量を増やす。これが高校、大学の時期に求められるような気がしている。しかし最近は、大学生になったらウエイトに頼る選手が多い。ウエイトをやって筋力をつけていったら、一時的には競技力が上がると思うが、方向性がどんどんずれていって、絶対に持続しない。確かに今、ウエイトトレーニングは必要だと思う。そういう意味で、中学の時から基本的なバーベルの持ち方などを教えるべきである。ただ、ウエイトリフティングの選手のように、重さをいたずらに追求するのはどうだろうか。

ウエイトトレーニングが、自分が強くなろうとしている練習の一環であればいいが、ウエイトだけの単体になるとむずかしい。大きな枠の中にあって、こういう走り方を目指しているからこのウエイトをやって筋力をつける、というのなら理解できる。あるいは、このウエイトをやっているからこのフォームに変えていく、というのもわかる。

そうではなくて、走る練習が終わった後に、目的もはっきりしないまま、「今日は何キロ上がった」というウエイト練習は必要ない。ウエイトもそれなりの緊張感を持つべきで、陸上から切り離すと、ウエイト場ではみんな座り込んでおしゃべり、という図式になってしまう。

あくまでも「陸上の練習の一環」という意識。そこに連動性がないと絶対にダメで、最終的には「勝ちたい」という目標につながっていく。大学4年間、あれほどウエイト嫌いだった私が、鳥取の小山裕史先生のジムへ行って成功したのが、いい例である。

最初、小山先生のところで従来の基本動作をやっていたら、あまりにも使う部位が違うので驚かされた。もも上げで使う脚の前面の筋肉、あるいはふくらはぎを支えて上げる動作、そういうウエイトはなかった。狙いはお尻と背中の強化。以前に教わったことと共通点がなかったので、相談をして、それから基本動作を変えて、歩き方を変えた。「こういう動きもあるよ」と先生が次々とアイデアを出してくれて、初めてウエイトと走ることとコンディショニングが一体化した。

たぶん今の学生で、スクワットをやったらどこの筋肉がついて、それが走る時はどう使われるのか、きちんと説明できる人はそう多くないと思う。たいがいは「筋肉が太くなった」とか「マックスが上がった」とかで喜ぶだけ。走ることにつながっていかない。

2001年、東海大の短距離陣は大活躍で、関東インカレの総合初優勝に貢献したが、強くなった一因はそのあたりにあると思っている。「走るときにはこの筋肉を使って、この動作だからこのウエイトをやる」と高野先生がきちんと説明されているので、学生の目的意識が明確になっている。走る時にここの筋肉を使うとわかれば、ウエイトをやる時にそこを意識するものである。「今日はここの部分を使って走ってみたい」という時には、まずウエイトで集中させてからグラウンドに行って走る。「今日は使いたい部分があったんだけど、うまく使えなかった」という時には、もう1回ウエイト場に戻ってやってみる。こんなことを覚えたのは、小山先生のところへ行き始めてから。1992年、バルセロナ・オリンピックの後である。

第6章

出番がなかったバルセロナ五輪

インカレの個人総得点は6点のみ

大学3年（1990年）のシーズン後半にそこそこ走れるようになり、11月の浜松中日カーニバルでは400mで47秒09。そのころ46秒台で走っていた井部誠一さん（日健）らを抑えて勝てたこと、しかも1レーンでのタイムだったので、「やれるじゃないか」という気持ちをだいぶ取り戻していた。

同期の堀内雅人や米沢昌宏と同じメニューで練習していても、以前は「どうせ宮川先生があいつら2人のために立てたメニューで、オレはついでにやらされているだけ」と、ひがみ根性が入っていた。でも、少しずつ走れるようになったおかげで「3人のために立ててくれているメニューだ」と思えるようになった。現金なものである。

大学4年（1991年）のシーズンに入ると、もっと走れるようになってきた。しょっぱなの日大との対抗戦で、200mに20秒8。手動とはいえ、初めて20秒台に突入した。春先にアメリカへ遠征したのも、その年が初めてだったと思う。

日本陸連の短距離コーチだった原田康弘さんや外園《ほかぞの》隆トレーナーが帯同してくれて、選手は私と米沢、それに鈴木久嗣（中京大）、渡辺高博（早大）の4人。カール・ルイスらサンタモニカTCの選手が出場していたマウントサック・リレー（マウント・サンアントニオ・カレッジ・リレー）にも出て、私は400mを走ってきた。

帰国してすぐ春季サーキットの静岡大会（この年はスーパー陸上）に出ると、400mで46秒53のタイム。エヴァレット、レイノルズの米国選手には及びもつかないが、高校時代に出した自己記録にあと100分の1秒と迫る好タイムで、日本選手トップになった。力が戻り始めると、上がってくるのは早かった。

その年は8月末に東京で世界選手権が開かれることになっていたが、春のうちはまだピンと来ていなかったと思う。400mで46秒台が続けて出るようになって、「リレーメンバーに入れたらいいいな」ぐらいの気持ち。標準記録AとかBは、自分に結びつけては考えられなかった。たぶん標準記録には200mの方が近かったはずだが、自分の中では、200mは奥山義行（日大）が別格だと思っていた。自分は400mで高野さんの次のポジションへ一歩ずつ近づきたい、そんな気持ちで一杯だった。

世界選手権はまだ先のこととして、走れるようになってきた私は、まずインカレに出たいと思った。ずっとリレーでは出ていたが、個人種目は1年の関東インカレで400mを1本走っただけ。せめて最終学年ぐらい、あのインカレ独特の雰囲気の中で、母校の大声援を受けて走りたかった。

そして、関東インカレの400mで3位。法政の苅部が46秒19で優勝、早稲田の渡辺が2位のレース。苅部は準決勝で、46秒09という好記録をマークした。私が大学4年間で挙げたインカレの個人得点はその6点だけ。日本インカレは一度も縁がなく、したがってユニバーシアード大会

大学４年の時の関東インカレ400ｍ決勝で３位に入賞し，４年間で唯一のインカレ個人得点「６」を記録した。左端は優勝した苅部俊二（法大）

は出たことがない。

関東インカレは４００ｍで３番に入った後、２００ｍにも出場したが、準決勝でひどい肉離れを起こし、７月半ばぐらいまで走れなかった。当時は関東インカレの２週間後に日本インカレ、さらに２週間後に日本選手権というスケジュールで、私は後ろの２つの大会を棒に振った。

左ハムストリングスの完全断裂ということから、気づいた時には脚の筋肉が大陥没していた。その２００ｍの準決勝は優勝した奥山と同じ組で、奥山が先にコーナーをスーッと出て行った。直線に入って「あっ」と思った後は、あまり記憶にない。タンカに乗ったような気もするが、意識がはっきりした時には医務室に寝かされていた。たぶん、バタンと倒れた時に頭を打っているのだと思う。

その後のリハビリは、春の米国遠征でお世話になった外園さんに一生懸命やっていただいた。アイシングやストレッチの方法、リハビリの過程などを教わって、それが2000年のシドニーでも結構役に立った。自分でも、それまでは体操だけして走っていたのを改め、ケガを予防する大切さを覚えた。

大学4年で東京世界選手権に出場

日本選手権に出られなかった私は、世界選手権直前の南部記念で日本選手トップになり、辛うじて代表に滑り込んでいる。世界選手権の開幕が8月23日、南部記念が8月11日だから、本当にぎりぎりセーフだった。

もっとも、それまでマイルリレーのメンバーに決まっていたのは高野さんだけで、他の顔ぶれは南部記念の結果で決まったようなもの。外国選手が1人45秒台で走り、私が2着で46秒64、渡辺、大森盛一（日大）、小中冨公一（ゼンリン）と続き、代表入りを果たした。

東京の真夏の夜、第3回世界選手権は普段陸上競技の大会に目もくれないような人たちをお茶の間に巻き込んで、大いに盛り上がった。あれほどぎっしりと人で埋まった競技場で走ったことはないし、ナイターの試合も珍しかった。つい1年前の環境とあまりにも違って、私は地に足が着いていないような状態。心も身体もフワフワしていた。出番は1本だけ。3組2着プラス2で

91年夏の東京を沸かせた世界陸上選手権。伊東はマイルリレーのメンバーに選ばれ，アンカーを務めて日本新記録を樹立した。右は３走の渡辺高博（早大）

行われた4×400mリレーの予選。日本は小中冨、高野、渡辺、伊東とつないで3分01秒26の日本新記録をマークしたが、4着に終わって決勝に進めなかった。

ウォーミングアップで何をしたかは全然覚えていない。ただ、抜かれる時だけはしっかりと記憶にとどめている。後ろから「ウワーッ」と悲鳴が追いかけてきて、バックストレートで抜かれた。アンカーの私が抜かれずに3番でゴールしていれば、決勝に残れたレース。

別の組で走ったケニアの2走がレーンの外側を走り、いったん「失格」を言い渡されたが、抗議が認められて生き残った。ケニアが失格のままだったら、これまた日本が決勝に進めたレースだった。

高野さんは400mを4本走って、決勝で7位。高野さんのレースをスタンドからじっくり見たのは、あれが初めてだったような気がする。同じ大学にいる人が別人のような表情で国立競技場のトラックに立つと、内心「カッコいいなあ」とため息が出た。

予選はゆうゆう1着で通り、準々決勝は44秒91で2着。決勝に残るには準決勝がヤマ場と見たのだろうが、準決勝は前半からガンガン飛ばして、最後は止まりそうだった。

「あれだけ練習をやって、しかもこんなに苦しんでやっと通れるのがファイナリストへの関門なのか」

世界への道のりをまざまざと見せつけられて、気が遠くなるような思いだった。

そのころの高野さんは、大学の先輩といっても雲の上の人で、同じ土俵に立って物事を考えたことなどなかった。7〜8月は一緒に練習をする機会が多かったが、ピリピリしていて、人を寄せつけないような感じ。物音ひとつ立てるのも悪いような雰囲気があった。山梨の合宿では同じ部屋だったけれど、先に寝てはいけない気がした。

東海大の陸上部の中で、のちに私が高野さんと同じような立場になるとは、そのころは想像すらしなかった。学内の競技場で練習する時、高野さんは現役と離れ、ちょうど200mのスタート付近にある走高跳のピットの近くで、一人で体操をし、淡々とドリルをやって練習に入っていった。何年か後に、気がついたら私もそのポジションに移っていた。

東京の世界選手権は、男子短距離陣だけを見れば、高野さんがポンと一人だけ高いところにいて、あとは大半が〃若葉マーク〃の集団。100mの井上悟（日大）や杉本龍勇（法大）など、のちに長く日本代表で活躍する選手たちは、この大会で国際舞台へと踏み出している。400mハードルの苅部俊二、斎藤嘉彦（ともに法大）、山崎一彦（順大）のトリオも、この大会が出発点となり、長い間第一線でやってきた。

末續慎吾（東海大）のデビュー戦が2000年のシドニー五輪とすれば、私たちは東京の世界選手権だった。右も左もわからず、圧倒されっぱなし。雑誌で見たような外国選手がいれば「一緒に写真を撮りたい」と思ったし、「握手してほしい」と思った。それぐらいのレベル。あの大会が一番、自分でも写真を撮ったのではないだろうか。閉会式ではお祭りのような騒ぎに酔っていた。

オリンピックへのあこがれ

世界選手権に出場したといっても、レースの内容を考えると、高校時代に46秒台を出した時のような爽快感は得られなかった。当時の試合で「会心だあ」と思えるレースは一度もない。毎回レースパターンが違っていて、まとまりがなかった。

大学を卒業したら、実業団に入って陸上を続けるのか、もうやめるのか。宮川先生は「続けてみたらどうだ」と勧めてくれて、富士通にお願いをしてあったのだが、関東インカレで肉離れをした時点で「もうダメだろう」と半ばあきらめた。

実際、大学に来ている求人票を見て、自分でハガキを出して、何社か面接を受けに行っている。体育学部ではないので、そういう就職活動は周りで頻繁に行われていた。「関西に帰りたい」とずっと思っていたから、大阪にある某テレビ局も受けたが、見事に落ちた。

富士通に決まったのは、東京の世界選手権が終わった後だったと思う。長距離以外では苅部と混成の清川隆が同期入社だ。それでもなお「関西に帰りたい」という気持ちが強かったが、せっかくもらったチャンスだし、「もうちょっとやってみてもいいかな」と思い直した。環境を変えず、今まで通り東海大で練習できるのも良かった。

1992年4月、富士通に入社。私は神奈川県厚木市にある研究所に配属になった。4月中はずっと研修が続き、練習らしい練習はほとんどできなくて、せいぜい苅部と1時間ほどジョッグをするぐらい。東海大の1学年上で主将だったやり投の山田貴啓さんも富士通にいて、厚木の研究所勤めだったので、私は他の部員より早く職場に溶け込めたのではないかと思う。

午前中だけ勤務し、いったん家に戻って練習着に着替え、東海大へ向かう毎日。会社を辞めるまで厚木の研究所でお世話になったが、これ以上ないというほど良い環境に恵まれた。バブルがはじけ、相次いで休部する実業団が出てくる中で、そういう不安を抱かずに競技に専念できたことはありがたかった。

社会人1年目が、ちょうどバルセロナ・オリンピックの年だった。それほど強く意識したわけではなかったが、「出られればなあ」ぐらいの気持ちで短距離の合宿に参加していた。その前のソウル・オリンピック(1988年)は大学1年の時。高校3年で46秒52を出し、1987年の400m日本ランキングは4位で「もしかしたらリレーメンバーに入れるかな」と淡い期待を持ったのが、オリンピックを意識した最初だった。

さらに4年前のロサンゼルス・オリンピックは中学3年の時で、マラソンの瀬古利彦さんと短距離の不破弘樹さんをテレビで見たのを鮮明に覚えている。常勝の瀬古さんが負けたこと、100mの不破さんがマイルリレーを走ったこと、この二つのイメージが鮮烈だった。

ちょうど陸上競技の雑誌を見始めたのがそのころで、特集ページをめくっては「オリンピックに出たいなあ」と淡い夢を抱いたものである。スポーツ店に行ってスパイクシューズをながめても、オリンピック選手を頭に浮かべながらしばしうっとり。陸上と聞いたら何にでも興味を引か

本番で出場できる可能性が少なく，「いやでいやでたまらなかった」
というバルセロナ五輪の壮行会（前から2列目の右から2番目）

れる時期だった。

名前だけの五輪代表

1992年のバルセロナ・オリンピックは、マイルメンバーとして5番目ぎりぎりで選ばれた。3000mSCの仲村明さんと最後の代表枠を争うような感じだったと思う。

最終選考会だった6月の日本選手権は、46秒91もかかって5位。米沢にどうにか勝ったというだけで、心の中では「この結果だったら代表入りはないな」と完全にあきらめていた。幸いというべきか、五輪代表に滑り込んでも「絶対に本番で走れるわけがない」と思っていた。九分九厘、ダメだろうと……。代表から洩れた方には申し訳ないが、複雑な心境でいたことは確かである。

前の年の世界選手権は、ホスト国ということで目いっぱい代表を選んだが、実際にレースに出られなかった人もいた。バルセロナでは自分も同じような立場になるのだろう。そう思うと、合宿も壮行会やらの行事も、すべてがイヤでたまらなかった。

五輪前の南部記念には、マイルメンバーのうち私だけ400mに出て、46秒52の自己タイ記録を出しているが、それでも気持ちは晴れない。だれかがケガをしても、はたして自分に出番が回ってくるかどうか、という状況では救いようがなかった。

実際、その年は400mハードルの斎藤が春季サーキットで400mに出たりして、強かった。「バトンを持ったらヨンパーの選手には負けない」という気概はあったが、だれに訴えることもできなかった。

バルセロナで、リレーメンバーの発表はサブトラックだったと思う。レース当日だったような記憶がある。私は心の準備ができていたから良かった。日本選手権の400mで4位だった大森盛一（日大）はそうではなかったと思う。その予選で46秒03の自己ベストを出していたし、当然メンバー入りできると思っていたのではなかろうか。

それなのに、大森もはずれた。私は彼のなぐさめ役に回ることになった。4×400mリレーの予選を走るオーダーは簡優好、高野進、斎藤嘉彦、渡辺高博。コーチには「一緒にアップをしろ」と言われたが、しなかった。スタンドの選手席でレースを見ている時は「なんでや」という思いばかりが渦巻いていた。

日本は予選を通過できず、高野進というスーパーエースを擁しながら入賞を逃した。4×100mリレーの方は青戸慎司、鈴木久嗣、井上悟、杉本龍勇のオーダーで臨んで6位入賞。こっちは他人ごとなので「ああ、いいなあ」と素直な気持ちでながめていた。

最終日の男子マラソンは、選手もコーチも沿道に散って応援に回ったが、私はまったく身が入っていなかった。普通なら試合が終わって解放感に浸っている時で、森下広一さんの金メダル争いに熱狂するところだが、そんな気分にはとてもなれず、応援のために重い足どりでモンジュイックの丘を上って行った。

バルセロナ・オリンピックのことは「いい人生勉強になったな」と、今やっと思えるようになった。大会前もイヤだったし、大会中もイヤ、終わってからもイヤと良いことは何もなし。ただただ忍耐の時を過ごした。大学時代、別の意味での忍耐を経験しているが、自分では走れているのにああいう辛い思いをするのは初めてのこと。その後の競技人生に大きく影響を及ぼす経験となった。

それからは「予選会で絶対に一番にならなくちゃいけない」と心に誓った。それまでは「上位に入ればリレーで選ばれるかもしれない」ぐらいの気持ちで、勝っても負けても、上の方にいれば自己満足していた。

しかし「きちんとA標準を突破して、1位にならないとダメだ」と思い知らされたのが、バルセロナ五輪だった。

400mで5年ぶり自己新

バルセロナから成田に着いて、そのまま解散というわけではなく、東京に一泊してオリンピックの解団式というのに出なければならなかった。「走ってないヤツなんかこのまま帰らせてくれよ」と叫びたいほど、みじめな気持ちでいた。

逆に、6年後のバンコク・アジア大会で結果を出した時のように、カメラのフラッシュを浴びながら帰国するのも、結構つらいものがある。栄光の裏には走れなかった人や期待に添えなかった選手が必ずいるわけで、そんなことを考えてしまうと「オレだけにカメラを向けないで」と言いたくなる。自分がバルセロナ五輪の時にみじめな思いを味わっているだけに、なおさらそういう気持ちが強いのかもしれない。

実際問題として、せっかくオリンピックや世界選手権の代表になったら、一度も出番がなかったという選手はいない方がいいに決まっている。それぞれ郷里や学校、職場の声援を受けて現地に向かっている。それでもなお致し方ないケースが出てくるわけで、そういう時にはそのダメージからはい上がれる環境づくりを周りが手伝ってやったらいいと思う。

私は、ちょうどお盆休みに入る前にバルセロナから帰って来て、休み明けまでの1週間は「どういう心構えで会社へ行こうか」と、そればかり考えていた。しかし、何の心配もいらなかった。会社の人たちは何の変わりもなく迎えてくれて、何事もなかったかのように淡々と時が過ぎてい

ルーキーとして臨んだ92年10月の全日本実業団対抗。200ｍでは偉大な不破弘樹（大京，左端）を抑えて初優勝を飾った

った。いい職場だと思った。

神戸の人たちも温かかった。鶴谷先生はうちの親に「日本人で四十数人しか入れない代表枠なんだから、入れるだけでもすごいんですよ」と説明してくれていた。

池野先生に「やっぱり走れませんでした」と電話すると、親身に相談に乗ってくれ「鳥取に行ってみたらどうか」と勧められた。それまで小山裕史先生のことは全然知らなかったが、一から出直すにはウエイトトレーニングから始めてもいいかなと、心が動いた。

会社に「鳥取の小山先生のところへ行きたい」と申し出たら、同じ富士通の先輩になる競歩の今村文男さんが1年前から行っているという話。会社の許可はすぐに下りた。最初に行ったのはそのシーズンが終わってから。1992年の11月だったと思う。自分でも何をしていいのかわからなかったし、とりあえず「行ってみたら」と言われたから行った、という趣が強い。

その前に、オリンピック直後の9月に行われたスーパー陸上で、私は46秒28の自己新をマークしている。400mの自己記録は高校3年でマークした46秒52のままだったから、実に5年ぶり。社会人1年目で、やっと高校時代の記録を破った。オリンピックで走れなかった悔しさをぶつけたというより「イヤだ、イヤだ」と思いつつも、雰囲気に流されてそれなりの練習をこなしていたことが記録につながったのではないかと思っている。

高校で46秒52を出した時と同じ感覚で走れたレースが、そのスーパー陸上だった。ルイスというソウル五輪400m金メダリストの米国選手が優勝したが、会心のレースに近い。「日本選手で1番や」と思ったら、最後に簡優好（順大）がポッと出てきて負けた。簡が46秒26、3位の私が46秒28。レースの流れとしては、特にどこかできつかったというわけではなく、400mで一番気持ちいいレースパターンだった。

さらに、10月の全日本実業団選手権（平塚）では、200mで予選が20秒96、決勝が20秒99。2本続けて20秒台で走り、不破弘樹さん（当時大京）に勝ってしまった。これは無茶苦茶うれしかった。不破さんに勝つなんて夢のようで、たぶん200mをやっていて一番うれしい出来事ではなかったろうか。不破さんは後半になってガンガン追い込んできたのだが、私が100分の1秒差で逃げ切ったレースである。

第7章

新たな道の模索

鳥取の「ワールドウイング」へ

バルセロナ五輪の年の秋、1992年11月に、私は初めて鳥取にある「ワールドウイング」の門をたたいた。かつてボディービルのアジア選手権で2連覇を果たした小山裕史《やすし》さんが主宰するトレーニングジムで、独自のウエイトトレーニング理論を展開しながら、いろいろな分野のスポーツ選手を手助けしていた。

もっとも、当時の私は予備知識ゼロ。信頼している神戸の池野先生に「行ってみたら」と勧められて行っただけで、小山先生のプロフィールも知らず、著書にも目を通していなかった。想像ではもっと老けた人をイメージしていたので、あまりに若々しい先生で驚いた覚えがある。先生は昭和31年生まれだから、そのころ30歳代の半ばだったはずだが。

小山先生は「ようこそ」と、にこやかに迎えてくれた。そもそもウエイト嫌いの私だが、切羽詰まっていたということもあって「ウエイトに賭けてみたい」というようなことを訴えた。何かしらやらないと……。バルセロナで走れなかった私は、そればっかり考えていた。

走ることは自分自身、誰にも負けないぐらい走っているという自負があったので、そちらには打開策を求めなかった。ただ、どこでデータを測っても「筋力が弱い」と言われてきた。筋力をつければ何かが変わる。そんな思いが強かった。

鳥取に行ってまず初めに、今までのフォームで最大筋力を測った。当然いつもぐらいしか上が

92年の秋から鳥取にあるトレーニングジム「ワールドウイング」に通い，主宰する小山裕史さん（左）の指導でウエイトトレーニングや動き作りを基礎から学んだ

らなかったが、小山先生は「強いじゃないか」と言っておだててくれた。それから、これは先生がよく使うフレーズだが「弱いんじゃなくて、使えなかっただけだ」と言う。次に、グリップの握り方、足の置き方、背中の伸ばし方、ポジションの作り方など、ゼロから教えてもらった。重さに対する不安感が大きかったので、できるようになるまで軽い重量でやった。最初はフォーム作りに1～2年を費やした。

ワールドウイングに行った人がみな言うことだが、小山先生にバランスを見ていただくと、走り方とか今までのケガのこととか、ズバリズバリと当てられる。患部を見るわけではなくて、ストレッチをやらせて先生が可動域を調べたらわかるらしい。これでまず、選手は信頼感を寄せる。私の場合、指定されたやり方でベンチプレスをやったら「伊東君は着地をこうやって入っていくでしょう」と言われた。ベンチプレスで着地。普通だったら結びつく話ではない。どうやら体幹がしっかりしていない人は、ねじれて上がっていくらしい。それを見て「こういう着地」となった。「すごいなあ」と感嘆せずにはいられなかった。まさに「見抜かれた」という気持ち。しかも、軽い重量でやらせてくれるので抵抗感がない。私は小山先生の指導に惹かれていった。

92年のうちは1回に1週間ほどの滞在で、2回ぐらいだったと思う。そうしたら、翌93年の春先、東アジア大会の選考会（上尾）で、２００ｍに20秒87が出た。これはその年のベストだが、「やっぱり（ウエイトは）ええんや」と思うに十分だった。当時は、というより今もそうかもしれないけれど、シーズンに入ったらあまりウエイトをやってはいけないという風潮があった。私もそこから抜け切れなくて、鳥取で教わったことを週に2回ぐらいにすると、力がスーッと落ちていく。「これは年間を通してやらなくちゃいけないのかな」と思い始めて、93年からは定期的に鳥取へ通った。

とりあえず、小山先生の言うフォームをマスターしたい。次の重さを持ってみたい。当時はそれぐらいのものだった。今でこそ可動域がどうの、初動負荷がどうのと話に出せるが、筋肉を柔らかくすることなどに頭がまわるはずもなかった。

すり足のようなスキップをマスター

私が鳥取へ行き始めたころ、女子飛び込みのオリンピック代表、元渕幸さんもワールドウイングに来ていた。スクワットをやると、彼女が60kg、80kgを平気でこなす。私はというと、腰に手を当てて沈むだけ。最初は「元渕さんに追いつきたい」と、そればっかりだった。私が60kgぐらい持って積極的にやりだしたのは、94年だったと思う。

ワールドウイングのスクワットは、普通のシューズを履いていたらできない。私も底の薄いクツを履きだしたら、それまで60kgが大変だったのに、簡単にできるようになった。底の厚さを変えただけで「これが後ろのハムストリングスに負荷をかけるスクワットだな」と初めて実感した。これが94年のこと。ツボにはまったような気持ちだった。それまでは膝で支えていたが、そうではなくて背筋と脚の後ろの面で支えるやり方。「ああ、これか」、「これだったら、なんぼでもできるわ」という感じになった。同じ運動を継続して1年、2年とやっていたので、それなりの基礎的な力はついてきていたのだと思う。

93年から94年にかけては、小山先生のところの基礎をやりながら、今までの練習もやって、もうごちゃまぜになっていた。「あかん」と言われてもチューブを使った練習をやったり、その割合はだんだん減っていくにせよ、最後まで東海大時代からやっていた練習にもこだわりがあった。そして、シューズの厚さが私の運命を変え、94年7月にスキップを教えてもらって、94年9月には20秒66で走ってしまった。

小山先生が教えるスキップとは、カカトから入って母指球に抜ける、競歩のようなやり方。カカトからついて母指球に抜けていく時に、腰が一緒に移動していく。しかも、特に腿を上げるわけではなくて、振り子のように、スキップで脚を前へ持っていったところに腰を持っていく。これをスピードスケートの選手と一緒にやっていたら、向こうはなかなか飲み込めないのに、私は結構スムーズにできた。すると小山先生がほめてくれて、調子に乗った私はどんどんやった。

普段のウォーミングアップでは4～5本しかやらないけれど、鳥取に行っている時は20本、30本という単位でこのスキップをやっていた。1本が30ｍか50ｍで、ひたすらタイムを計った。私はこれがめちゃくちゃ速い。なめらかな体重移動だから、すり足に近い。この動きが自分に合っていた。

小山式トレーニングをコツコツと

小山先生が書かれた本をいただいたし、理論も勉強する機会があった。しかし、どちらかと言えば、私は身体で覚えていった方だと思っている。可動域が広がったり、体形が大きくなったりして、やっていることに確信を持った。

ベンチプレスは測定の時しかやったことがないが、2年ぶりぐらいに持ったら、最初の数値より何十kgも増えていた。力の出し方のポイントがわかってきたこともある。今までのウエイトは単なるウエイトだったけれど、競技とウエイトがやっと結びついた。

スキップや速歩きを毎日やることによって、筋力がアップした。今まで通りの筋肉の張り具合だったら速い動きができないと思ったら、マッサージをやったり、ストレッチをやったり。筋肉にある程度柔らか味が出ると、速い動きができることを知った。

次のスピードに行くためには「これ以上はもう動かないよ」と、身体が悲鳴を上げる。それでも動かしたいと思ったら、可動域を広げるストレッチなどで筋肉を柔らかくする。それこそ、餅を柔らかくするような感じでやると、何でもできる。

先生が書かれた「新トレーニング革命」という本に初動負荷理論があるが、最初に説明されたたとえに「なるほど」と思った記憶がある。水道にホースをつないで水を出す時、ホースの出口をつまむと勢いよく水が出る。末端をできるだけ細くすれば、大きなパワーが出る、と。逆にホースの最後の部分が広くなっていると、水はポトポトとしか落ちない。

これを血液の流れにたとえて、勢い良くポンプを押し出す機能を高めれば、先が細くても勢い良く流れる。当時、初動負荷という言葉で説明を受けなかったと思うが、「ああ、なるほど」と思う話だった。理論もさることながら、小山先生の情熱をもって身体で覚えさせてもらったので、知らない間にむずかしい本をひと通り会得してしまった。本を読んでわからなくても、練習をやっているうちに「あ、こういうことか」と理解できることが多い。

先生の理論は、誰にでも受け入れられるものではなかったかもしれない。ただ、私はその局面で結果が出たし、誰がやっても記録が出るやり方の一つだと思っている。むずかしく腕を振れとか、腿を上げろとか、骨格や体形を無視した指導は何もなかった。

野球の投球動作をウォーミングアップに入れたこともある。腰の捻りや肩の回旋の練習だと思う。肩甲骨の後ろに心臓や肺があるので、そこを動かさないと血液を流すポンプが動かない。スキーのジャンプの練習をやったこともある。V字の飛び出しを変形させて、スタートのスタンスに取り入れたのだ。

先生の練習に対する貪欲さはものすごくて、次々とアイデアが浮かぶと直ちに試していく。狙いがいつも1段、2段高いところへ行っていて、記録が出だしてからは追いつかないことが多かった。何ヵ月かたってから、私は「あ、こういうことを言っていたのか」と気づく。発想はどんどん進んでいった。

個人種目で初めてのビッグゲームは93年のシュツットガルト世界選手権。200ｍで２次予選まで進み，400ｍリレーにも起用された

選手というのは記録が出るとちょっとの間、自己満足の期間がある。「あ、やった。この練習やっていたら、これぐらいの記録が出る。よかった、よかった」と。しかし、指導者というのは満足しないで、次を求める。「これをやっていて、重さをちょっと増やせばいい」などと考えていると、ずっと先に行っていて追いつかない。そういう貪欲さは本当にすごくて、「いつ寝てるんだろう」と思うぐらいだった。

結局は「血液の循環を良くする」ということが、最大のテーマではなかったかと思う。酸素を効率よく運搬して、疲労物質をできるだけためない。たまりにくい身体にする。

実際、スクワットを何十セットやっても疲れなかった。汗は出るけど、ある程度のところで心拍数はずっと維持できる。

大学時代に高校の記録が破れなかったぐらいだから、もはや記録がすぐ出る、出ないにこだわりはなかった。「根気良くやればそのうち出るだろう」という思いで、小山先生が与えてくれる練習を継続することは苦ではなかった。

まず最初に「これだ」と思ったのが、スキップをやり出した後の94年9月。そして、大きく結果が出たのが100mで10秒00を出した98年。初めて鳥取に行ってから6年後のことだった。

「ツボにはまった」94年

社会人2年目の1993年に話を戻すと、シュツットガルト世界選手権の年で、私は200mで2次予選まで進んでいる。春先に20秒87の自己新をマーク。世界選手権の1次予選では、それに続く自己2番目の20秒96を出して次のラウンドへ。しかし、2次予選は21秒04で6着に終わり、準決勝へは進めなかった。

シュツットガルトでは、思わぬところで400mリレーを走った思い出がある。予選は小野原英樹、鈴木久嗣、宮田英明、井上悟のオーダー（39秒40）だったのに、50km競歩の今村（文男）さんの応援に行っている間に、準決勝のアンカーは私に決まっていた。そこから私の400mリレー人生が始まって、以後毎年、日本チームで走っている。準決勝は小野原、杉本龍勇、井上、伊東で臨み、39秒01と記録を上げたが、7着だった。

1994年は広島アジア大会の年。私がこの年、400mをパッタリと走らなくなったのには訳がある。アジア大会の出場枠は1種目に1国2人。アジア大会に出るためには何の種目が選ばれやすいか、と考えた時に、200mになった。

200mなら朝原（宣治、当時同大）が出てくるかどうかというレベル。それなら、勝っても負けても2番以内だから、代表になれる公算が大きい。400mは広島出身の稲垣誠司（法大）が調子良かったし、やってみないとわからないという状態だった。

ところが、200mに思わぬ伏兵が現れた。高校3年生の高橋和裕（奈良・添上高）。アジア大会の代表選手選考会だった6月の日本選手権で、いきなり優勝をさらった。私は高橋と同タイム

94年は秋口に入ってから絶好調。９月のスーパー陸上200ｍで20秒66の自己新をマークして，６月に日本記録を樹立した高校生・高橋和裕（添上高，右隣り）に快勝

の20秒90で2位。朝原が20秒93で3位のレース。高橋はその1週間後のインターハイ近畿地区予選で、20秒57の日本新記録を出している。

こんなスーパー高校生が登場することは、200mを選択した私にとってまったくの予想外だった。しかも、8月末の南部記念では、朝原に敗れて2位。「もしかしたら広島で何も走れないんじゃないか」というあせりが頭をもたげ、いろいろなことをやった。

バルセロナ五輪の時の教訓が生かされたのだと思う。私は受け身ではなく、どうにかする方向を模索した。それぐらいの危機感があった。「何かをしなくちゃ」といっても自分一人ではできないので、小山先生に〝何か〟を求めていった。

94年は「ツボにはまった年」と言ったが、

9日後の全日本実業団対抗100mでは10秒3台を連発し，第一人者だった井上悟（右）に圧勝。自他ともにびっくりの快進撃だった

春先はまだそうでもなくて、実感できたのは秋のシーズンだ。9月に入って、15日のスーパー陸上で20秒66の自己新（日本歴代2位）。24日の全日本実業団では100mに出ると、予選、準決勝、決勝と3本とも10秒3台。予選は10秒34で、それまでの自己記録（10秒52）を大幅に破った。

100mで第一人者の井上悟（ゴールドウイン）に勝ってしまったのだから、自分も周りも驚きだった。

広島アジア大会で銀メダル

94年10月に広島で開かれたアジア大会では、200mを走ることができた。初めてのアジア大会出場である。神戸にいる両親に「来たら」と初めて声をかけた大会でもある。広島

94年10月の広島アジア大会200ｍでは銀メダルを獲得。アジア・タイ記録（20秒41）で優勝したマンスール（中央）には圧倒されたが，カタール勢のワン・ツーを阻止した

の競技場の最前列で、親は一生懸命写真を撮っていた。

私は気持ちが高ぶっているせいか、夜、寝付けなくてまいった。２００ｍには私と高校生の高橋が出場して、私は「銅メダルが取れればいいな」と思っていた。なにしろカタールのマンスールとイスマイルが強い。マンスールは１００ｍで3連覇。４００ｍが専門のイスマイルは、バルセロナ五輪決勝で高野さんより先着して7位に入賞している選手。中国の選手も侮れなかった。少なくとも「高橋には勝ちたい」という思いが強かった。

試合前はストレッチをやりすぎるぐらいにやった覚えがある。お陰で柔軟性が高まって、普段曲がらないようなところが曲がったりしていた。「これは変かなあ」と思いながら、まず予選を走ったら、すごく調子良かった。軽くどころか、本当にラクに行って20秒90。３組でトップだった。

予選１組のトップがイスマイルで20秒85。２組がマンスールで、21秒04。私は２番目の記録で決勝に進んだ。翌日の決勝はマンスールの圧勝となった。私も会心のスタートを切って「こんなに速くていいのかな」と思いながらコーナーを回った。そうしたら、コーナーを出たところでマンスールにあっという間に抜かれ、ビックリ。あの衝撃がなくて、スムーズに走っていたら、高橋の日本記録（20秒57）ぐらいはマークできたかもしれない。

優勝したマンスールの20秒41はアジア・タイ記録。韓国の張在根が85年に作った記録に並んだ。本当にあ然とする速さだった。私は20秒70で銀メダル。４００ｍでは何回走っても勝てなかったイスマイルに、２００ｍで勝った。これはうれしかった。高橋は21秒03で5位に入った。

２００ｍの結果が良かったせいか、急きょ4×１００ｍリレーを走るように言われた。当日の話だったと思う。はずされた高橋が泣いているのを見て、バルセロナのことがすぐに頭に浮かんだ。「オレが走っていいのかな」と、複雑だった。

メンバーは中村哲也、伊藤喜剛、井上悟、伊東の順。この時、朝原はケガをしていて、辛うじて走幅跳にだけ出場していた。そして、一発決勝の4×１００ｍリレーは、39秒37で金メダル。私がいい役をもらって、最後に中国を逆転した。この種目のアジア大会優勝は、１９５４年の第２回大会（マニラ）以来40年ぶりということで、みんなに喜ばれた。

広島アジア大会から１週間後、今度は私が２００ｍの日本記録を作る。改装なったばかりの熊本・水前寺競技場で日本グランプリ・ファイナルという大会が行われ、1・9mの追い風に乗って20秒44をマークした。調子は良かったので、20秒66の自己記録は破れるだろうという予感はしていた。

しかし、まさかそんな記録が出るなんて夢にも思わなかった。ただ、アジア大会で銀メダルを取っているのに、下手なレースはできない。朝原も出場していたので、「負けるわけにはいかないな」という気持ちはあった。

私自身、初めての日本記録だし、確かにうれしかった。ゴールして記録を聞いてからはピョンピョン飛び跳ねている。うれしい反面、心の中は冷静だったのも確かで、「これは自分の真の力ではない」と思った。

20秒44といったら、アジア大会でマンスールが出した20秒41と大して変わらない。1週間前に一緒に走って、あれだけ差をつけられた人と同じレベルの記録というのは、どうしても信じ難い。「これは風が良かったせい」と自分に思い込ませることにした。

こうして94年秋のシーズンは予想以上の快進撃を続けたが、走るフォームは今ほど変わっていなかったはずである。400mの選手がそのまま200mを走る感じで、勝負のポイントがゴールに近かった。アトランタ五輪まではそんな感じのままで、100mの選手のようなアプローチのしかたをするようになったのは、98年あたりだと思う。

そのころは、最初のうちに勝負をつけなくても、最後までもつ自信があった。心拍数120の

アジア大会の1週間後に行われた日本グランプリファイナル200mで，
初めての日本記録20秒44を樹立。飛び跳ねて喜びを素直に表現した

ままで、スクワットを何十セットやっても疲れない。２００ｍを走っても「最後まで落ちない練習をしているから」と確信を持ってゴールに向かうことができた。

第8章

アトランタ五輪

試行錯誤のさなかにフライングで失格

１９９４年の秋のシーズン、広島アジア大会をはさんで私は、１００m、２００mで好記録を連発した。２００mでは20秒44の日本新記録も樹立し、自己記録を大幅に引き上げた。

しかし、その段階では「あくまでも４００mのための１００m、２００m」という意識が強かった。２年後のアトランタ五輪は、４００mで出ようとずっと考えていたのである。バルセロナ五輪で走れなかった種目にこだわりがあったのかもしれないが、それよりも４００mという種目に魅力があった。

４００mは、ショート・スプリントでは得られない達成感がある。距離が長い分だけごまかしは利かず、調子の良し悪しがいろんな局面で出てくる。２００mもむずかしいことはむずかしいが、悪いなりにどうにかなる種目でもある。

私のイメージが「２００mランナー」として定着したのは、アトランタ五輪で準決勝に残ってからではないだろうか。自分の中では、96年までは「４００mランナー」という意識なのだが……。高野進さんほどに努力する能力、考える能力があれば、４００mが良かったなと今でも思う。それがなぜか２００mに専念するようになって、いろいろなことに挑戦してきた。最後の方では体調に合わせて悪いなりに走るとか、多様な走り方を覚えた。それを考えると、一番向いていたのかなあとも思う。

今は200mと言えば末續慎吾（東海大）が19秒台に突入する勢いだが、われわれのころは日大に奥山義行というスペシャリストがいた。コーナーワークはほれぼれとするほど。それでも20秒7台がベスト。20秒4～5に近づきたいと思った私は、そこからいろんなことをやり出した。

400mで46秒を切り、45秒の壁を破った高野さんは、その進路を全部自分で切り開いてきた。本当に大変だったと思う。私などは足元にも及ばないが、それでも冬場などは頭で労力を使ってしまう。「どうやったらいいんだろう」と考える毎日。今までと同じことをやっていたらそこまでしか進まないわけで、スタートを変えてみたり、走り方を工夫してみたり。

高野さんが言っていることに追いつこうと努力した。宮川先生が言うことを、自分の身体で消化しようと努めてみた。高野さんの400mの練習を見ていると、「すごいなあ」と驚くばかり。高野さんはその過程で200mを走って、20秒74を出した。これはある意味、高野さんという存在が大き過ぎて、私の内面を邪魔していたのかもしれない。なにしろ、高野さんが20秒7なのに、自分が20秒4。「出来すぎかな、出来すぎかな」とずっと心に引っ掛かっていた。

当時は20秒4の先はないに等しいと思っていたので、わずかな可能性を探って、試合ごとに違うスタートダッシュをやっていた。そうしたら、95年の福島国体100mで2度フライングを取られ、失格となった。「もう訳わからんから、オリンピックが終わるまで100mはやらないでおこう」と、その場で思った。

このスタートはいいと思ったが、あとでビデオを見ると、確かに腰が動いている。完全静止していなかった。やっている本人は全然わからないことだが、ともかくストレスがたまりすぎる。その後はレースのたびにビデオを撮られた。オリンピック前だったので、ベースからそっくり変える余裕はなかった。これを基本に足長や腕の幅を変えて、止まるようにだけは努力した。結局100mは、福島国体で失格になった後、翌年のオリンピックが終わるまで1度も走ってない。94年に20秒44を出して、95年からボチボチと世界のグランプリレースに出るチャンスがもらえた。そのころはアメリカ勢が200mの全盛期で、19秒台は当たり前という時代。そういう人たちと一緒に走ると、最初に置いていかれるので「スタートを工夫しよう」と思ったのが、そもそものきっかけである。

今振り返ると「考え過ぎだったかな」という面もある。もうちょっと自信を持てば良かったのかもしれないが、当時は試行錯誤の連続だった。

イエテボリ世界選手権400mRで5位入賞

95年は福島国体の準決勝で失格となったものの、6月の日本選手権では100mで自己ベストを出している。予選で10秒21をマーク。日本記録が朝原宣治（大阪ガス）の10秒19の時だった。途中200mを走ったりしていたので、決勝はバテて、伊藤喜剛（水戸市スポーツ振興協会）に負けた。しかし、200mは予選から20秒63の大会新を出して、決勝は20秒61とさらに大会記録

95年のイエテボリ世界選手権400mリレーで5位に入賞した日本チーム。左から3走井上悟，1走鈴木久嗣，2走伊東，4走伊藤喜剛

を更新。日本選手権初優勝を飾った。前年は高校生の高橋和裕に同タイムで負けていただけに、この優勝はうれしかった。

95年の夏はスウェーデンのイエテボリで、第5回世界選手権が開かれた。200mは2次予選のスタートで出遅れ、落選。もっとも、そのころはまだフラットレースで決勝に残ろうなどと思いも及ばず、上から強い人を順番に数えていっただけで、私なんか準決勝枠からもはじき飛ばされた。

ただ、4×100mリレーは5位入賞を果たした。リレーが世界大会で5位に入るのは、1932年のロサンゼルス五輪以来63年ぶりだという。コーチングスタッフの方々が大喜びしてくれた。鈴木久嗣、伊東、井上悟、伊藤喜剛のオーダーは予選から不動だった。練習もずっとその4人でやって、補欠の選手のことを気にしなくてよかったから、チームは結束したし、精神的に楽だったかもしれない。初めて「リレーって楽しいな」と思った。

予選が38秒79で2着。準決勝は、バルセロナ五輪で6位入賞したチームが作った日本記録38秒77を上回って、38秒67。ぎりぎり4着だったが、決勝に残った。このぎりぎりのところでラウンドを進める緊迫感がたまらなかった。「これが世界で闘っていくことなんだ」と、個人種目ではなかったけれど、充実感に浸った。

私は準決勝の後、「決勝進出おめでとう」というインタビューの時にいない。その後すぐにマイルリレーの予選があって、「400mリレーは決勝に残らないだろうし、伊東をマイルに使おう」という話があったので、急いでサブトラックに帰ったのである。そうしたら、「もういいぞ」と言われた。

イエテボリでは山崎一彦が400mハードルで7位に入賞した。その勢いで、急きょマイルに山崎が起用され、私は400mリレーに専念した。決勝は39秒33とタイムを落としたが、3走まで3番でもっていって、見ている人たちをワクワクさせた。

あの大会は、走る前に朝原としゃべったという印象がずっと残っている。リレーの準決勝の前だったか、朝原が走幅跳のピットにいて、2走の私がバックストレートで足合わせをしている時に、内容は忘れたが、言葉を交わした。たぶん「がんばってください」というようなことを朝原が言ってくれたのだと思う。その時は、まさか翌年のアトランタ五輪で一緒にリレーを走るとは思わなかった。朝原は長年、私と日本の400mリレーを引っ張ってきたイメージがあるが、彼がリレーメンバーに加わるのはアトランタから。そのころは〝和製ルイス〟と言われていて、まだ走幅跳にこだわりを持っていた。

95年も400mをやるつもりでいたのに、結局フラットレースは1本も走ってない。94年もやっていないので、まるまる2年、400mから遠ざかった。しかし、マイルリレーのラップでは45秒0あたりで走っていたので、96年のオリンピックは「絶対に400mで出よう」と思っていた。その可能性はあると信じていた。実際、96年の春先、アメリカのマウントサックの大会で、46秒11を出した。社会人1年目だった92年に46秒28で走って以来の自己ベスト。しかも、朝9時半からのレースで、調整がむずかしかった。

結果的にはこれが私の400mの生涯記録になってしまうのだが、その時は「これだったら45秒台半ばで走れる」と、400mでの五輪出場に向けて、手応えを感じたレースだった。

五輪選考会で20秒29のアジア新

ところが、アトランタ五輪の最終選考会を間近に控えた1996年の5月、ちょうどゴールデンウイークのころに、左脚の内転筋を肉離れした。日本選手権は1ヵ月後に迫っており、突貫で治すしかない。もはや400mなどと言っている場合ではなくなって、私は200mにすべてを賭けることにした。少しずつ走れるようになったのが、大会の2週間ぐらい前ではなかったろうか。

オリンピックの代表権がかかった日本選手権はいやがうえにも盛り上がるものだが、あの大阪・長居陸上競技場の大会はすごかった。ちょうど第80回の日本選手権だった。長居公園には前から陸上競技場があったが、その隣りに立派な競技場を新設。こけら落としの大会としてその日本選手権が行われ、私は「絶対に日本新を出す」と公言した。一番初めにそのトラックで日本新を出して、名前を残してやろう。そんな思いが強かった。

私は新装とか改装という競技場でしか記録を出していない。20秒44を出した熊本の水前寺は改装後だったし、20秒16を出した98年の日本選手権は熊本の国体用の新しい競技場だった。１００mで10秒00を出したバンコクも、アジア大会のために作られたトラックである。

そして、念願通り新しい長居競技場の〝日本新第1号〟になれた。２００mの予選で20秒29(+1.1)。しかも4日間ある大会の初日、予選の1組だった。94年に水前寺で出した20秒44から、20秒29へ。ワーッとゴールしたら、目の前に母親がいた。大阪だったので、コッソリ来ていたのだろう。報徳時代の同級生の親と2人で、スタンドの前列にいた。初日でまだ観客が少なかったので、すぐにわかった。内心「親の前で記録が出せた」と思って、うれしかった。

ケガは何とか快方に向かっていた。気持ちだけはやたら高ぶっていて、このアトランタ五輪の最終選考会が、一番ナーバスだったような気がする。記録を出してやろう。絶対に1番になる。

アトランタ五輪最終選考会の日本選手権（1996年6月）。伊東は200mで20秒29の日本新記録（アジア新記録）を樹立し，文句なく代表に決定

特に相手はいないけれど、バルセロナのことがあるので、「オリンピックで走れる」という確約が取れる結果を残したかった。

直前の1～2週間の、時間がたつのが長かったこと。時には我を見失うぐらいピリピリしていたと思う。早く大会が終わってほしかった。極端に言えば、3年と11ヵ月半がんばってきても、1週間前にダメだったらオリンピックに出られない。「やっとここまで来た」という思いには相当なものがあった。それまで世界選手権に何回出ようが、バルセロナ五輪の補欠がずっと頭にこびりついていた。早くオリンピックの代表になって走りたかった。

自分の置かれている立場に慣れていなかったということもある。日本記録を持って、日本選手権も取って、初めて臨む年が96年だった。95年の日本選手権で初優勝するまでは「くそーッ」と思って挑戦者の気持ちでやれたが、今度はぶざまなレースはできない、負けられない、記録は出したい、といろんな気持ちが交錯していた。

200mの予選で20秒29が出たが、なにしろ予選なので最後はやや力を抜いている。4日前の練習でもそれぐらいのタイムを出していたので、ある程度予測できた記録ではある。日本新というより、自己記録を更新したという喜びのほうが大きかった。張在根（韓国）とタラル・マンスール（カタール）の持つ20秒41のアジア記録も破ったが、広島アジア大会で一緒に走ったマンスールは「もっと強かった」という印象がある。僅差で負けていたらまた別の印象なのだろうが、あれだけ叩きのめされたら、なかなか越えたとは思えない。

それはともかく、長居の日本新達成第1号になって、私は浮かれていた。その晩のスポーツニュースは全部見た。翌朝の新聞も早く読みたくて夜は一睡もできず、4時半ぐらいにコンビニに行って新聞を買ってきた。お陰で次の日は睡眠不足でまったく走れず、準決勝が20秒92、決勝は20秒70だった。

日本選手権は最後に男女一人ずつ優秀選手が選ばれるが、あの時私はアジア新を出しても、その賞をもらえなかった。最終日に朝原が100mで10秒14の日本新を出したのである。たぶんその候補になっていて、最終日も（自分のレースはなかったが）「競技場に来てくれ」と言われて行ったのだが、最後の最後に朝原に持っていかれた。アジア新記録を出して優秀選手になれなかったのは、私ぐらいではないだろうか。女子は10000mで日本新をマークして優勝した鈴木博美（当時リクルート）がもらった。

ルンルン気分の五輪出場

これでオリンピックに出られると思った。「走れるかどうか」という重圧からも解き放たれた。日本選手権後の練習は熱が入った。いよいよ本番を迎えたら自分がどうなるのか、楽しみで仕方なかった。「涙を流してスタジアムに入るのかなあ」と思ったりして、そのシーンを想像しただけでワクワクしていた。今思えば、しょうもないことを考えていたのである。

ランキングで10番か11番ぐらいだったので、今のような陸上界の環境であれば、ファイナルを狙うぐらいの気持ちも持てたのだろうが、そのころはそこまでの意識はまるでなかった。アメリカの五輪代表選考会を兼ねた全米選手権の結果を聞いただけでビックリ。マイケル・ジョンソンが19秒66の世界新と聞いて「おお、速い」。2位に前年のイエテボリ世界選手権銅メダルのジェフ・ウイリアムスが来て、マイク・マーシュが3位。あのカール・ルイスは5着で、代表になれなかった。フランク・フレデリクス（ナミビア、ベスト19秒68）もそのころ絶好調で、「フランキーって何者やろ」と思っていた。

自分も調子はある程度維持していたので、オリンピックの舞台が待ち遠しくて仕方がなかった。合宿で300mを走ると、風が強いのにタイムがすごくいい。250mでも、みんなが驚くようなタイムで走った。2週間前になったら、宮川先生が「走るのは週に2回ぐらいでいいだろう。抑えて、抑えて」と言い始めた。

そうして、1日1回は「オレ、スタジアムに入ったら絶対に泣くなあ」と思っていた。実際は「おお」と思ったけど、涙は出て来なかった。あとでビデオを見ると、妙にニタニタしている。「泣いたらあかんぞ」と思ってサングラスをしていたのに、うれしくて、うれしくて、口元が緩んでいた。スタジアムのところどころに掲げてある五輪マーク。あれを見て「やった。オリンピックや」と、途端に喜びがあふれてきた。

私の出番は後半だったので、朝原が100mでがんばっている時は、合宿していたニューヨー

アトランタ五輪では200ｍで準決勝まで進出する大健闘。
右は銀メダルを獲得したフレデリクス（ナミビア）

クからアトランタへの移動の最中だった。アトランタの空港に着いて、身分証明になるＩＤカードを作成している時に、朝原の準決勝を見た。

アトランタの選手村では、緊張して眠れないというようなことは一切なかった。何をやるのもうれしくて、選手村の中を移動するカートから落ちたこともある。確か、レースの2～3日前だった。きちんと停留所で降りればいいのに、外国選手がたまにスピードが落ちていないうちに飛び降りるのをマネして、私もやってみたら見事にこけた。膝下を擦りむいて、オリンピックのレースの写真を見ると、バンソウコウを張っている。

本来ならそこで悲観的になって「これはダメや」と思ってしまってもおかしくなかったが、まさしくルンルン気分だったのだと思う。

そんな擦り傷はまったく意に介さなかった。

200mで準決勝まで進出

男子200mの予選は、7月31日に行われた。1次予選は11組まであって、私は10組目。最後は流してゴールしてトップ（20秒56）だった。スタートラインに着けただけでうれしいのに、思いもしないトップだったからビックリ仰天。でも、走り終わってから、日本チームの桜井孝次監督から「余裕があっても最後は流さない方がいい。慎重に」と注意を受けた。その前に400mハードルの山崎が、ゴール寸前で2人にかわされて、準決勝進出を阻まれていたからかもしれない。

2次予選は20秒47で2着。後半脚がもつれたが、3着以内に入って準決勝進出を果たした。これも夢のようで、思わずガッツポーズをしてしまった。世界選手権で2度挑戦して、2回とも通れなかった壁。それをオリンピックの舞台で乗り越えた。

その日のうちに準決勝もやっていれば、もっといい感じで走れたかもしれない。準決勝、決勝は翌日だった。準決勝は2組あって、上位4人が決勝に進める。私は2組目だが、メンバー表を見て「これは無理だ」と思わざるをえなかった。フレデリクス、マーシュ、アト・ボルドン（トリニダードトバゴ）など19秒台の選手がズラリ。日本の新聞にも「決勝進出は厳しい」と書かれてあり、「そうだろうな」と納得した。

その準決勝は、20秒45で6着だった。「あ～あ」と思ったが、「まあ、いいか」とサバサバした気持ちもあった。「スタートで遅れたね」と言われたけれど、19秒台の人と走ったら、そう見えてしまうのではないだろうか。ちょうど選手村に帰ったら決勝の時間で、レースはテレビで見た。「あそこにいるはずだった」という感情はなかったと思う。ジョンソンが19秒32の驚異的な世界新記録を出して圧勝したレース。7番の選手も20秒2台。「これじゃあオレなんかがいてもテレビの画面に映らないよ」と苦笑いした。

朝原は100mで、私は200mで準決勝まで進出したアトランタ五輪。ファイナルへの道は険しすぎたが、男子短距離陣にとって大きなきっかけになった年だったと思っている。

五輪フィナーレで5位入賞の感激

200mの準決勝を走った翌日は、4×100mリレーの予選だった。朝一番のレースで、まだ暗いうちに宿舎を出て行った。私はさすがに2日間目一杯やったせいで、朝は少し疲労を感じていた。でも、リレーでは2走を務めて、そこそこの走りだったと思う。井上悟にはきちんとバトンを渡した。ところが、悟からアンカーの朝原にバトンがつながらなかった。「あ～あ」と思ったが、万事休す。前年のイエテボリ世界選手権のメンバーと比較しても遜色なかったし、夢のような出来事が起こるかなと期待していたのに……。

あとでテレビの画面を見ると、私はふてくされたような、怒ったような顔で引き上げている。実際、機嫌は悪かった。ゴール付近のスタンドからコーチ陣が私に「マイル行くぞ」と叫んでいたのだ。1走の土江寛裕は泣いているし、私は「それどころじゃないよ」という気持ち。しかし、帰ったらオーダーはもう提出済みだった。

4×400mリレーの予選は苅部俊二、小坂田淳、大森盛一、田端健児のオーダー。これは5組の1着（3分02秒82）で通った。準決勝からは田端に代わって私が入った。大森はこれまでほとんど補欠に甘んじてきたので、出番が来たのはうれしい。だが一方、予選だけ走った田端は、オリンピック入賞のメンバーからはずされてしまった。出身地である長崎の五島列島からも応援の人が来ていたのに。内心、複雑な気持ちだった。

準決勝は私がアンカーにまわった。2組4着どりだから、私に与えられた指示は「絶対に4番に入れ」。「アンカー勝負になるから前半は抑えて、最後で勝負しろ」ということだった。91年の東京の世界選手権のイメージがあるから、走る本人は不安で仕方がない。ドキドキしているところへ、3走の大森が4番でバトンを持ってきた。まさか4番で来るなんて……。私は1人に抜かれ、1人を抜いて、4番目でゴールした。その後、ナイジェリアが失格になったので、3位に繰り上がった。決勝進出を決めてみんなは大喜びしていたが、私はホッとしたという気持ちの方が大きかった。

トラック種目のフィナーレを飾るマイルリレーで日本チームは5位に入賞。選手も関係者も感激の涙にくれた。左から走順に苅部俊二，伊東，小坂田淳，大森盛一

決勝は翌日の8月3日。私は2走に戻って、苅部、伊東、小坂田、大森とつないだ。つくづくここで私は「400mはあかんなあ」と思い知らされた。「うわあ、置いていかれる」というような、一緒に走っているとあからさまな劣等感を伴うような世界レベルの走り。特に前半は驚くほど速かった。

しかし、みんながんばって、日本は5位に入賞。しかも3番、4番に近い5位。3分00秒76の日本新、アジア新をマークした。苅部も大森も号泣と言っていいほど声を上げて泣いた。それぞれ思うところがあったはずである。私は朝原と一緒にテレビの現地スタジオに呼ばれてしまったので知らなかったが、男子短距離のコーチを務めた宮川先生も大号泣だったそうだ。あの大会は、走った全員が「ATLANTA」と文字が入った記念のバト

ンをもらえた。もちろん家に大事にしまってある。

最終日に男子マラソンを残していたが、あのマイルリレーの雰囲気は忘れられない。オリンピックのトラック種目を締めくくるマイルの決勝。スタジアムを独占しているような、なんとも言えない心地よさ。アメリカが勝つことがわかっていたので、よけいにそういう雰囲気だったのかもしれない。勝負というより、お祭りのような明るさがあった。

私は走り終わった瞬間に観客となって、アメリカの選手に見とれていた。それぞれの国がそれぞれの国をたたえるような、十種競技の選手同士に近い雰囲気ではなかったかと思う。そこにいられる幸せ。ずっとその場にいたかった。「早く帰りたい」という気持ちは少しも浮かんで来なかった。

スタッフも選手も、そしてメディアの人も観客も、その段階ではみんな安堵の気持ちになっている。記録や順位を度外視して、同じ場に居合わせた幸福を噛みしめる最高の瞬間。アトランタ五輪は後半の4日間、ずっと出ずっぱりだったが、晴れ晴れとした充実感とスマイルもある緊張感に満たされていた。

第9章

海外転戦の旅

アトランタから帰国して

１９９６年のアトランタ・オリンピック後、私は「やったあ」という満足感で一杯だった。２００mで準決勝まで進出。マイルリレーでは、5位入賞を果たした。「個人種目で決勝が見えたわけだから、次のシドニーでは絶対にファイナリストになってやろうと思ったでしょう」とよく聞かれたが、４年後のオリンピックなんて考えられなかった。

実際、アトランタを境に、大きな大会になると、途端に身体に痛いところが出てきた。アトランタの後は足底の痛みに悩まされ、98年のアジア大会は膝、２０００年のシドニー五輪も膝痛。常に故障との闘いだったと言っていい。

アトランタ・オリンピックから帰国してすぐは「このまま終わってもいいかな」と思ったのも事実である。そもそもバルセロナ五輪で出番がなかったことで、「アトランタでは必ず走るんだ」というモチベーションでがんばってきた。それが実現し、大会のフィナーレとなるマイルリレーの決勝まで走れた。

バルセロナの悔しさを晴らすには十分過ぎる結果だった。最初は「走ればいい」と思ってやっていたのだから……。ましてや、１００mを9秒台で走る選手が、そのまま２００mに進出して来るような時代。自分とはあまりにもスピードがかけ離れていて、「これぐらいが目一杯だろう」という悲観的な考えもあったことは間違いない。

自分の限界を悟った、ということではない。アトランタ五輪の前の冬は、一生懸命練習した。「あれだけやってもここまでか」という気持ちが正直あった。１００ｍを9秒8台で走る選手と一緒に２００ｍをやったら、コーナーの走りがあまりにも違いすぎる。その速さに圧倒された。マイケル・ジョンソン（米国）の19秒32を筆頭にフレデリクス（ナミビア）、ボルドン（トリニダードトバゴ）のメダリスト3人の速いこと。

あまりにも世界のトップと離れている自分の力を実感して、次に何をしていいかわからない。やることも、次の目標も、全く見つからずにいた。とりあえず、その年の秋は広島国体だけ出場した。

前年の福島国体で2度フライングを取られ、失格しているだけに、迷惑をかけた神奈川県にお詫びしたいという意味が一つ。もう一つは、「皆よりワンテンポ遅れて出ても勝ってやる」という意地。その年初めての１００ｍだったが、10秒36（+0.4）で優勝した。予選、準決勝、決勝と3本ともスタートはビリ。中盤から加速して巻き返した。

余談だが、96年の広島国体では、今の日本の短距離を担う高校生が活躍している。為末大（広島皆実高）は、４００ｍと４００ｍハードルの2冠。ともに高校新記録で、４００ｍでは高校生で初めて45秒台に入る45秒94。私が高校3年（１９８７年）の沖縄国体で作った46秒52の大会記録を大幅に破った。また、末續慎吾は当時九州学院高（熊本）の1年生。少年Ｂ１００ｍで優勝を飾っている。

97年の冬は室内大会にフル出場

広島国体の後はケガのリハビリをしながら、惰性的に冬季トレーニングへ突入してしまった。「何をやったらいいのだろう」とボヤーッとした頭で考えつつ、ようやく思いついたのが「世界での経験が少ない」ということ。そこで、室内競技会に出るために年明けの1月下旬からボストンへ行った。

経験が足りないということだけではなく、室内の60m走で序盤の走りに磨きをかけたいという意図もあった。とにかくアトランタでは、前半の100mのスピードに驚かされた。その後のセビリア世界選手権やシドニー五輪と比べたら、アトランタ五輪はとてつもなく速かった。私の経験は、結局あそこに集約される。あの後の大会は、調子が悪くてもコーナーを出るあたりまでトントンで行けたが、アトランタは最高の調子でいっても、まったく追いつかなかった。

これはもう、スタートで一瞬たりともおろそかにできない。競って走るシチュエーションをどんどん経験したい。その冬、群馬に行ったり、中国へ遠征したり、積極的に室内のレースに出たのはそんな考えもあった。しかし、それほど綿密な計画もなく一人で出かけて行ったボストンは、寒かったことぐらいしか覚えていない。湖が凍っていて、スケートを楽しむ人がいた。日本陸連から紹介してもらった向こうの関係者に、ボストン・マラソンのゴールへ案内してもらった記憶はある。

スタートの走りに磨きをかけるため，97年は冬の室内レースにフル出場した。２月の群馬国際室内60ｍでは５位ながら６秒63の日本新を樹立。アトランタ五輪100ｍの金メダリスト，ベイリー（右，カナダ）が優勝した

レースにはアメリカのデニス・ミッチェルが出ていた。日本の室内と違って、テニスコートを横断する走路になっているのは驚いた。2〜3試合してきたと思うが、アトランタ五輪で100mハードルの代表になった金沢イボンヌといつも一緒になった。アメリカを拠点に練習していたので、あちこちの大会に出場していたのだろう。

帰国して2月初めには'97群馬国際室内陸上に出て、60mで室内日本新。アトランタ五輪100mで金メダルのドノヴァン・ベイリー（カナダ）が優勝したレースで、私は6秒63の5位。朝原宣治（大阪ガス）が5日前にドイツで出したばかりの日本記録を、わずか100分の1秒だけ破った。

そのころは朝原と私で、少しずつ記録を引き上げていった。その後、日中対抗室内の北京大会（2月19日）で、私が6秒61。朝原は3月1日のドイツの大会で、6秒55という好記録をマークしている。

室内の大会に目一杯出場したのは、その年だけである。あれをやるには、前の年の屋外シーズンが9月ぐらいに終わってないとむずかしい。日本の選手がヨーロッパやアメリカのような位置付けでやるには日程的に無理がある。本来なら冬季トレーニングの真っ最中である1〜2月に、屋外に限りなく近いぎりぎりのスピードで走っているのだから、考え方を少し間違えると、室内はしんどいとその時に思った。

朝原がドイツに行った時のように、きちんと計画の中に組み込まれていれば、すごく効果的だと思う。あるいは、棒高跳のグループのように、プランがあればいい。そうではなくて、室内の大会があるからというので、1週間前にいきなり調整をしても、効果は期待できないような気がする。春先は少し良い記録が出るかもしれないが、長続きしない。

屋外シーズンも米国でスタート

私の母校の東海大には、宇佐美彰朗さん、高野進さんと、陸上でオリンピックに3回出場したすごい先生が2人おられた。マラソンの宇佐美先生はメキシコ、ミュンヘン、モントリオール、400mの高野さんはロサンゼルス、ソウル、バルセロナ。時代は違うが、長い競技実績を誇る。アトランタから帰ってきて、次の目標を持てずにいる時に、私はこの2人の経験談が聞きたくて、ちょっとだけ時間をいただいたことがある。2度目のオリンピックを終えて、3度目を目指す時に、どういう気持ちでいたのか。確固たる目標を持ってやれたのか。

2人とも答えは同じだった。「4年のスパンでオリンピックを考えられなかった。1年、1年の積み重ねだった」と。また「今までやったことのないことを練習に取り入れた」ともおっしゃった。ものすごく重みのある言葉で、心にズシンと響いた。

室内の大会で始まった1997年は、屋外シーズンに入っても、私はどんどん海外へ出て行った。国内の春季サーキットが始まる前、4月にアメリカで3試合。ここで尿道結石になって倒れ、

97年のアウトドア初戦はアメリカでのマウントサック
大会。このシーズンは積極的に海外レースに出場した

救急車で運ばれている。その後、ドイツでも同じ目に遭った。

マウントサックの大会の3日前だった。大学のグラウンドで練習している時、急にお腹が痛くなって倒れ込んだ。今までに経験したことのない激痛だったので、あわてた。向こうはまず現場検証に警察が来て、生死に直接結びつかないようならば、救急車はサイレンを鳴らさず、信号もきちんと止まっていく。私は痛くてたまらないというのに。

救急病院に着いたら、隣りに刃物で刺された人がいてビックリ。付き添ってくれた日系の人も青ざめていた。検査のために尿を出さないといけないのだが、練習して汗をかいているので出ない。そのうちに尿管にストローを挿された。尾籠《びろう》な話だけれど、あれが一番痛かった。激しい痛みは点滴を打って収まった。試合にはきちんと出て、20秒7台で200mを走っているはずである。

原因は「筋肥大」と言われた。尿管を圧迫している、という。ストレスも関与しているようだった。日本に帰ってきても具体的な治療法がない。爆弾を身体に抱えているようなもので、いつも薬を持ち歩くようになった。現役の時は半年に1回、東京の慶応病院へ検査に行っていた。

そういう痛いハプニングはあったが、アメリカで3試合やって、目新しい体験をした。コースにひもが張ってある大会があったように記憶している。地元の人に「ブロックを押さえていてくれ」と頼んだのも初めてだった。日本のように立派なスターティングブロックではないので、押さえてないとツルッと滑ってしまう。

当日、自分で申し込む大会もあって、「いつ始まるんだろう」と不安感の中でいつもやっていた。行くたびに競技会のスタイルが違うので、400mと同じように、楽しくはないけど、やってみると達成感がある。コールの仕方ひとつわからないのに、エントリーして、出場料を自分で払ったり、荷物の安全を確保したり。記録もいちいち発表しないので、聞きに行って、場合によっては記録証をもらわないといけない。大会を終えると、走ったこと以上に妙な達成感があった。

アメリカから帰ると、日本は春のサーキット。まず、静岡国際に出た。5月半ばの大阪グランプリのころには競技者としてスタミナが残っておらず、直後に韓国の釜山で開かれた東アジア大会は、もう21秒を切るのが精一杯。それでも、釜山から戻って東京に1泊した後、荷物を詰め替えてアメリカへ。さらにヨーロッパへという世界1周チケットで、転戦の旅に出かけた。

世界一周チケットで1カ月の遠征

オレゴン州のユージンでは、相部屋になった外国選手が女の子を連れて来たので参った。日本でもなじみの選手なので、名前は伏せるが、あんなことは初めて。お陰で私は寝付けず、試合はボロボロだった。朝が早い試合というのも久しぶりだったので、余計に寝不足がこたえた。

その後、サンフランシスコ経由でスペインのセビリアに行った。サンフランシスコの空港で6時間待って、イギリスのヒースロー空港で5時間。やっとセビリアにたどり着き、もらった紙に書いてある通りに行くとホテルがない。タクシーで大きい順にホテルを回ってもらって、やっと大会事務局があるホテルを探し当てた。

セビリアでは1999年に世界選手権が開かれたが、私が97年に行った時はあのスタジアムで試合が行われたわけではない。世界選手権ではサブトラックになったところ。日本ではあまり考えられないことだ。ホテルから競技場へ練習に行く時も、競技場からホテルへ戻る時も、バスの出発時間を気にしないといけない。「置いていかれたらどうしよう」と心配で、練習にあまり身が入らなかった。

ただ、試合の時は、出発係をドン・クォーリーさんがやっていて、何かと良くしてもらった。モントリオール五輪の200m金メダリストで、ジャマイカ人だが、親日家として知られている。

スペインの後はフランス、イタリア、モスクワと回った。ほとんどグランプリ大会だけで、いつも同じメンバー。私は後ろの方をちょこちょこ走っていた。そのころは、ヨーロッパにローカルな試合が一杯あるという情報すらなかった。最後の試合地・モスクワに行った時はもう疲れきっているし、「どうしようかなあ」と途方にくれる思いだった。そのころ、ハンマー投の室伏広治君が海外を回り始めていて、モスクワで彼と会った時にはホッとした覚えがある。

なにしろ、モスクワの人は英語をしゃべらないので、何がなんだかさっぱりわからない。おまけに1泊目のホテルは窓ガラスが壊れ、シャワーもお湯が出ない。競技場はボコボコだったし、あまり良い印象は残っていない。一人で海外を転戦していて、何がきついかと言えば、やっぱりホテルである。日本選手がいれば「一緒の部屋にしてほしい」と希望できるが、ちょうど苅部も山崎も大学院へ行き始めた年で、ヨーロッパを回っていなかった。相部屋になるのは外国人で、誰と一緒になるのかわかるまでがドキドキである。

こっちが先にチェックインしていたら、「ガチャッ」とカギを開ける音がする。緊張がピークに達する。練習に出る時は、外から「あれが自分の部屋だ」と確認をしておいて、帰って来た時に部屋の電気がついているか、ついていないかで、同居人が到着したかどうかを判断する。

当時は、外国人と相部屋だと、外へ逃げることばかり考えていた。同じ部屋にいるのはきつい。どこへ行っても街の中を歩き回った。日本のプロ野球の結果が知りたくて、衛星（からのデータで印刷される日本の）新聞を捜し求めた。まだパソコンを持ち歩かない時代である。ホテルのフロントで地図をもらって、地下鉄に乗ったりしていたので、パリあたりはどこに何があるかだいたいわかる。4年後、新婚旅行で行ったが、記憶は間違っていなかった。

夜は「先に寝てやろう」と、そればっかり。ただ、食事の時がきつかった。あちこちの円卓にグループがあって談笑しながら食べているが、こっちは日本人一人。空いている席に座って食べるのがむなしい。話しかけられて答えるのも大変。かといって黙々と口に入れるだけの食事もまずい。ほとんど食べた気にならなかった。まだ好き嫌いがない方なので、助かったかもしれない。私は日本で、ご飯とパンがあったらご飯を食べる方だが、外国にまで日本食を持って行こうとは思わない。向こうにある物を食べる。それ以上のこだわりはない。

1カ月の海外遠征から帰国した直後に参加した全日本実業団対抗選手権200mで，小野田貴文（七十七銀行）に競り負ける。日本選手に負けたのは3年ぶり

1カ月近くの遠征を終えて、モスクワから日本に帰れる時はうれしかった。前日にどこ行きの何便に乗ると言っておくと、関係者から「あなたは何時発のどこどこ空港行きのバスに乗りなさい」と指定されるのだが、そんなのは無視して、早々にチェックアウトし、自力で空港へ行った。すると、まだゲートに入れなかった。

空港ではベイリーと一緒になって、彼の方から話しかけてくれた。室伏と合わせて「ダブルコージ」と言う。全部話の内容が聞き取れたわけではないけれど、「オレのことを覚えてくれたんだ」とやたらうれしかった。「行って良かった」と思った。最後の最後に大きなおみやげをもらったような気分。それまでの疲れがいっぺんに吹っ飛んだ。しかし、この遠征の流れで、帰国して3日後に出場した全日本実業団の200mで、よもやの敗戦。社会人になったばかりの小野田貴文（七十七銀行）の後じんを浴びた。このシーズン、21試合目のレース。日本選手に敗れたのは3年ぶりだった。

疲労の極のアテネ世界選手権

97年は8月にアテネ世界選手権が開かれた年だが、オリンピックの翌年ということもあってか、あまり念頭になかった。だから走れなかったのか、疲れのピークでダメだったのか……。海外遠征中は大した結果を残してないし、帰国後も負けレース。それでも、1週間ぐらいして時差ぼけが完全にとれると、そこそこ走れるようになった。「何だ、ところ変われば走れるもんだ」と思った私は、たまっていた疲労を軽視した。

外国では環境が変わって、普段やらなくてもいいことを全部自分でやっていたので、気疲れで走れなかった。勝手にそう結論づけたものだから、本当に身体の中から疲れているというところまで見なかった。実際、帰国して10日もしたら、アトランタ五輪の時と変わらないぐらいのスピードでずっと走れていたのだ。しかし、肉体的な疲労を見逃していたツケが、1ヵ月後にアテネに行ってドッと出た。200mの1次予選で、20秒82もかかって落選。試合の1週間前には20秒

調整不十分だったアテネ世界選手権は，1レース目から足にマメができてしまって満足な結果を残せなかった。閉会式で金沢イボンヌと

46で走って「調子は戻っている」と思っていただけに、この結果はショックだった。

アテネでは1レース目から足にマメが出来て、その時点で「もうダメだ」と思った。いつも通りアシックスの三村仁司さんが作ってくれたスパイクなのに、クツずれが起きた。ということは、バランスを崩して、よほど悪い走りになっていることを物語っていた。4×100mリレーは準決勝で38秒31の日本新（アジア新）をマークしながら、5着で決勝に進めなかった。井上、伊東、土江、朝原という顔ぶれを揃え、しかも1レーンでその記録。私が足を引っ張ってしまった感が強い。

アテネの街も大会も、鮮明なイメージが残っていない。宿舎となったホテルから歩いていける所にパルテノン神殿があって、皆で登っていった。ちょうど女子の400mリレーが代表に加わって、それまでのデレゲーションとはちょっと違った雰囲気があった。気がついたら、50km競歩の今村さんが入賞されていたという、チームの先輩に申し訳ないこともあった。それぐらい自分はボーッとしていた。

今は人生のパートナーとなった鈴木博美が女子マラソンで優勝した大会だが、応援に行こうと起きた時には、レースが終わっていたような気がする。女子マラソンをじっくり応援したのは、バルセロナ五輪の有森さんだけである。世界選手権後、そのまま苅部と一緒に残ってヨーロッパの試合を回る予定だったが、2人とも疲れきっていてキャンセルした。急きょ日本へ帰る飛行機の便を手配したら、たまたま彼女の両親と同じになった。

転戦して思ったこと

その年、日本選手権が秋に移され、10月初めに国立競技場で行われた。200mに出た私は、準決勝まで走ったものの、決勝の前に右脚が激しくケイレンして、やむなくそこで棄権した。97年は最後まで納得のいかないシーズンとなってしまった。そういえば、6月にモスクワの空港でベイリーと別れる時、「10月に日本選手権がある」と言ったら、「イッツ・クレイジー」と言われた。ベイリーはカナダ選手権があって、帰国するという。「お前は何で帰る？」と聞くから、「クラブ・チャンピオンシップ（全日本実業団）がある」と答えた。さらに「ナショナル・チャンピオンシップは？」と言うので「秋」と言うと、「何でワールド・チャンピオンシップの後にナショナル・チャンピオンシップをやるんだ」と言って「クレイジー」と笑った。当初、秋に開かれるシドニー五輪をにらんで日本選手権を秋に移すと聞いた時は「そうなのか」と深く考えなかったが、ベイリーにそう指摘されて「なるほど。外国から見たらおかしいんだ」と考えさせられた。

1月の室内から始まった97年は、本当に疲れたし、長かった。ただ、新しいことをやり出して、それまでと違う陸上競技の世界を見ることができた。反省としては、もっと情報を仕入れて、試合をセレクトしないといけないなと思った。別にグランプリ・シリーズだけが試合ではない。どんな小さな大会でも、いろんなレベルの選手が集まって来ている。やるならば、がむしゃらにカレンダー通りに出るのではなく、自分で選ぶ必要がある。

その点、ヨーロッパに拠点を持っている人はうらやましい。小さめのカバンでサッと来て、1試合終えたら拠点に帰って洗濯をし、気持ちをリフレッシュさせて、また次の試合に臨める。そういう場所も必要だなあと、つくづく思った。

第10章

絶頂期へ

アルバカーキで高地トレーニング

疲れ切った1997年のシーズンを終え、オフを迎えた私は「何をしようかなあ」と冬場にやるべきことを考えた。ふと思いついたのが、高地トレーニングだった。これまでいろいろなことをやってきたが、高地トレーニングはまだ試してない。

一度だけ、日本陸連の短距離合宿で、アメリカ・ニューメキシコ州のアルバカーキという所へ行ったことがある。標高は1800mから2000mぐらいだったか。なかなか環境が良く、酸素が薄い分、練習で追い込めるのでいいのかな、と思った記憶がある。そこへ行こうと思った。おおよそだが、街がわかっているのがいい。当時、400mハードルの山崎一彦は、コロラド州のボルダーで高地トレーニングに取り組んでいた。

あれもこれもと試した末に、練習がマンネリ化すると、何かの力を借りて自分を追い込みたいと思うものである。自分自身で追い込むには限度がある。1998年は7月に福岡でアジア選手権が開かれるし、12月はバンコクでアジア大会。私自身、「400mをやりたい」という構想も持っていた。オリンピックも世界選手権もない年だが、休養年にするつもりはなかった。

98年の2月初めから、およそ40日間のアルバカーキ合宿。アパートに間借りし、車を借りて、自炊した。まったくの一人だから、日本にいるうちに衛星新聞を予約していった。そのころ、国内は長野オリンピックで盛り上がっていたらしいが、私はかやの外。前年のアテネ世界選手権でメダルを取った鈴木博美と千葉（真子）ちゃんが、長野オリンピックの開会式で聖火リレーをやったという話も、彼女から電話で聞いただけ。テレビでは見てない。

しかし、アルバカーキがあれほど寒いとは知らなかった。きちんと調べずに行ったのが悪いのだけれど、雪の日あり、吹雪もあり。午前中の練習は、部屋で体操を済ませてから出かけていった。

車で15分ほどの高校が主な練習場所で、午後はウエイト場を借りていたので、そこでウエイトトレーニングをやった。余裕があれば合間に帰ってきて、ご飯を炊いた。わざわざ炊飯ジャーを買ったほどだから、きちんととまではいかなくても、まあそれなりの食事は作っていた。

練習メニューは宮川先生に作ってもらった。高地ということを考慮して、平地の練習よりちょっと少なめにしてあったのではなかったろうか。あとで競歩の今村さんや山崎に聞くと、高地トレーニングに行くには、もっと綿密な計画を立てる必要性があったようだ。普通は、オーバートレーニングにならないように、尿検査ができる器具も持っていくらしい。そんな準備はしてないし、せっかく来たのだから成果をあげたいという思いもある。私は物珍しさも手伝って、練習に精出した。高地はやはり空気抵抗が少ない分だけ速く進むから、走れたような気分になれる。だが、しんどいことも確かだった。

アルバカーキ滞在も残り少なくなったころだったと思う。ある日の練習中、グラウンドにトイレがないので、やむなく野っ原の中で小便をしたら、芝生が真っ赤になった。初めての血尿である。驚いた私は、怖くなって「日本に帰りたい」と思った。高地トレーニングのノウハウも知らずにやってきたツケが出た。すぐに宮川先生に電話して「血尿が出ました」と言い、「帰りたい」と訴えた。が、「もう少しだからがんばれ」と言う。富士通の木内監督も「最後まで我慢しろ」と、途中での帰国を許可してくれなかった。もっとも、自分で「行かせてくれ」と頼んだわけだから、急に帰りたいというのもわがままな言い分ではある。

日本に帰ってきて、数日してから、今度は陸連合宿でオーストラリアに行った。気候は冬から夏へ。高地から下りてきた私は、そこでむちゃくちゃ走れた。「これはいける」と思っていたら、4月にガクンと来て、なんと春季サーキットの始まりは22秒台だった。

肋間神経痛だという。走ると脇腹のあたりが痛くなって、力が入らない。高地トレーニングで呼吸筋がやられたらしい。それを教えてくれたのも、東海大の宇佐美先生だった。メキシコ五輪の前に富士山に登って、がむしゃらに練習したら、やはり脇腹を痛めたとのこと。先生に「ハリを打ちなさい」と言われ、痛い個所にハリを打ってもらったら、1回で良くなった。高地トレーニングの経験は、それだけになってしまった。短絡的に結論づけるならば、自分には「合わなかった」ということになるのかもしれない。ただ、一度でも身をもって体験したので、今後に役立つと思っている。

ある意味、修行のような1カ月だった。特に血尿を出してからは心細くて、帰る日を心待ちにした。ちょうど長野オリンピックが終わるころである。その前年の海外遠征は、まだパソコンを

98年シーズンの出足は最悪。かろうじて決勝に残った静岡国際200ｍでは，1.2ｍの向かい風にもたたられ，22秒31もかかって最下位だった

持ち歩かなかったのに、アルバカーキへは持参できた。淋しさを紛らす文明の利器登場だが、まだ海外のローミングなど使う人がいなかったので、設定をするのに2週間ぐらいかかった。

ドイツで再び緊急入院

98年の春は絶不調で、さんざん叩かれた。しかし、自分自身は大変な勉強をした気でいる。春季サーキットの兵庫リレーカーニバルは、200ｍで予選落ち。静岡国際はどうにか決勝に残ったが、ビリ。いくら1・2ｍの向かい風が吹いても、22秒31もかかったのでは話にならない。その1週間後、大阪グランプリは100ｍで、10秒61（6位、-1.4）だった。

危機的状況と見て、私は東日本実業団対抗をキャンセル。急きょ、鳥取へ向かった。

そこで、小山先生にバランスなどを戻してもらって、6月半ば、徳島県の鳴門市で行われた全日本実業団対抗に出場した。まだ本調子とはいかないが、２００ｍではこの大会3年ぶりの優勝。向かい風2ｍの中で20秒84をマークし、前の年に敗れた小野田（七十七銀行）に雪辱した。１００ｍは土江（富士通）に負けたが、10秒42（+0.5）で2位。女子１００ｍ、２００ｍとも大会新記録で優勝した新井初佳さん（ピップフジモト）と、同じ神戸出身者ということで、カメラマンの注文に応じてツーショットに収まった。


これでひとまず安心してドイツへと旅立ったのだが、当地で2度目の救急車に乗ることになる。向こうで合流した朝原（大阪ガス）がビックリしていたけれど、あれはひどかった。すでにヨーロッパで何試合か終えた後の7月、私は体調が戻らず、１００ｍが10秒4～5あたり。朝原も「脚が痛い」と言って、2人で下位を競っているような状態だった。


そしてドイツに滞在中、朝原が住むアパートの近くのホテルにいる時、お腹が痛み始めた。

「これは、あの時の……」とピンと来た。前年の97年春、アメリカのマウントサックで痛い目にあった尿道結石。同じような痛みだった。

「迎えに来て、病院へ連れて行って」と朝原に連絡。そのうちに立ち上がれないほど痛みはひどくなってしまった。やっとの思いで近くの病院へ行くと、そこは泌尿器科がないという。救急車で違う病院へ転送された。

6月の全日本実業団対抗では，200mでこの大会3年ぶりの優勝を飾る。
女子100m，200mで2冠達成の新井初佳とは，ともに神戸出身同士

ところが、そこはベッドが一杯で、病室ではない空きスペースに一泊させられた。翌日も痛みは一向に収まらない。通訳として日本語がしゃべれる人が来てくれて「手術する」と言う。私はとりあえず痛みを抑えてくれればよかったので、「試合があるし、帰りたい」と断固主張。「あなた、死んでもいいのか」と通訳の人に言われ、最後はけんか腰になってしまった。実際、手術を拒否するためには、「死んでもいい」というような文面にサインが必要だった。

その2日後にレースに出たのだから、朝原は驚いていた。痛みが出ないように、腹にいろんなものを巻いた。ちょうどサッカーのワールドカップ・フランス大会の時期で、その入院騒ぎさえなければ、おもしろい遠征だった。4年に一度のサッカーの祭典に遭遇して、普段見られないような光景を見せてもらった。

開催国のフランスが優勝して、帰国するころは大騒ぎ。エールフランスの飛行機に乗ると「ワールドカップ優勝記念に」と、乗客にシャンパンが振る舞われた。しかし、私はそれどころではない。帰ったらすぐに診てもらえるように、いつもの病院を予約して搭乗し、痛みが出ないことだけを祈っていた。

98年の夏は鳥取で長期合宿

帰国して1週間もたっていなかったと思う。まだ時差ボケが残っているような身体で、7月19

日からのアジア選手権に出場した。福岡の博多の森競技場は、暑かった。ホスト国として、アジア記録を持つ私の使命は勝つこと。200ｍで、予選は軽く流して20秒68（-0.7）。「あ、いいなあ」と思ったら決勝ではややリキんで、20秒70（+0.6）。それでも、中国の韓朝明らを抑えて優勝することができた。あの時は、ちょうど200ｍの予選の日に激しい雷雨に見舞われ、2度にわたって競技を中断する騒ぎとなった。私は予選の1組だったのでまだ良かったが、最後の3組の選手は2時間ぐらい待たされた。コンディションを保つのが大変だったと思う。

アジア選手権後、夏場1カ月間は鳥取にこもった。小山先生にいろいろと調整してもらいながら、コンディショニングだけでなく強化のメニューも入れていった。ちょうどその時期、今までやってきたことが身になったということもあるのだろうが、日に日に良い方向へ転がっていった。

少しずつ走り方を変えながら、ああだこうだといじっていたら、スーッと張りのある筋肉に変わっていったから不思議である。それまでは疲れ切った筋肉だったのに、アトランタ五輪以降久々にスプリンターらしい筋肉になった。自分で言うのも変だが、あの時は筋肉が異常に発達したように思う。1カ月鳥取で練習して、鳥取から東京まで車を運転して帰った翌日、川崎市選手権に出たら、20秒43で走れた。しかも、向かい風だったはず。「これはええわ」と、充実したトレーニングを振り返った覚えがある。目に見えて身体が変わっていった。

9月末から10月初めにかけての日本選手権は100ｍ、200ｍ、400ｍとすべてにエントリーしていたので、「どれに出ようかなあ」と思いながら、鳥取で過ごしていた。アジア選手権の優勝で、200mはアジア大会の代表になれるだろう。「だったら400mをやってみたい」という気持ちが強かった。

あの夏の練習は忘れがたい。小山先生が「こう脚を動かして、ストライドをこれぐらいにすれば、このタイムが出るから」と言うと、きちんとそのタイムが出た。「そんなのできないだろう」と頭の中で思いつつも、「こうして、こうして」と言われて、その通りに走ると、何本やっても同じタイムが出る。しかも、疲れない。「小山先生の理論はこういうフォームで走ればすごく有効なんだな」と、強烈に実感した。

ちょっとわかり出したのが、94年広島アジア大会の時だった。2度目が96年アトランタ五輪の前。そして、今度が3度目になる。筋肉の質や骨格の可動域を考えて、それまで走りとウエイトに取り組んできたが、すべてを走ることに集約できたような気がした。競歩の感覚を取り入れた、すり足のような走り。1カ月やっていくうちに、「あの時はこういうことを言っていたのか」と、先生に指導されながら自分で消化しきれなかった部分が、薄紙をはがすように解明されていった。

これまでいろんな分野のスポーツ選手が小山先生の門を叩いているが、私は大変に扱いにくいタイプだったと思う。初めてやることには、一つひとつ疑ってかかった。特に違う分野の人に言われると「陸上はそうじゃないだろう」と、頭の中で疑問を持った。素直な人は先生の言うことをスーッと受け入れたのだろうけど、私は鵜呑みにできなかった。

中学生の時に陸上を始めて、その時代その時代である程度の成績を収めてきたからだと思う。

98年９月に南アで行われたワールドカップ200m。気温10度の中，伊東は20秒40で４位。中央は19秒97で優勝したフレデリクス（ナミビア）

現場色が強いというか、陸上競技を科学的に分析された方の話でも、その場で「なるほど」とうなずけなかった。それだから、鳥取に通い出してからも、高校や大学でやった練習を大事に取り入れていた。どこかで疑っている部分があったからである。しかし、今度こそは１００％不信感を拭い去った。頭で理解し、身体で動いてみて「あ、これだったのか」と納得できた。

鳥取での１カ月間のトレーニングを終え、川崎のレースで調子が上向き加減なのを確認した数日後、南アフリカのヨハネスブルグで開かれた第８回ワールドカップに出場した。南半球の9月半ばはまだ春先。標高１８００m近くの高地は、気温が10度前後で肌寒かった。日本からはアジア代表として、私の他に高岡寿成（カネボウ）や森長正樹（ゴールドウイン）らが遠征した。紅一点、女子走高跳の今井美希さん（ミズノ）もいた。
メンバーがそろっていたわけではないが、２００ｍはアフリカ代表のフランク・フレデリクス（ナミビア）が19秒97（+1.3）で優勝。私は3位と同タイムの20秒40で4位。わずかなところでメダルは逃したものの、まずまずの走りができた。私自身、ワールドカップの出場はこれが2回目で、1回目はキューバだった。南アフリカでも「まだ人種的な隔たりがあるので、むやみに外に出たら危ない」と治安面での注意を受け、「またワールドカップに来たんだ」という感慨を覚えた。キューバに行った時と似たような感覚だったので、記憶に残っている。

日本選手権で20秒16のアジア新

南アフリカから帰って2日後、今度は残暑が厳しい国立競技場で、スーパー陸上に出た。さすがに長旅の疲れと時差、そして温度差にまいったが、２００ｍで残り50ｍあたりまでトップ。最後にフランシス・オビクウェル（ナイジェリア）に逆転を許したものの、2位に入った。しかも、向かい風3・3ｍで20秒61。アメリカの選手を抑えて、このタイムだったので、秋のシーズンに向けて大きな自信になった。

そして、9月末からの日本選手権。新しい熊本の競技場で行われた大会である。日本選手権が九州で開かれるのは45年ぶりということであった。12月のバンコク・アジア大会の選考会を兼ね、熊本県としては翌年の国体のリハーサルとしても位置づけていた。スターティングブロックを合わせる時に、ジャージを脱いでユニフォームになるよう指示されたのを覚えている。

私は熊本へ行く直前に熱を出した。それまでも大事な局面でよく熱を出していたので、自分では〝知恵熱〟だと思っているのだが、試合の数日前に雨の中で走ったせいかもしれない。熊本入りしてからもまだ熱っぽくって、「風邪を移してはいけない」ということで同じ富士通の簡や苅部とは一緒にならず、レース前日はマネージャーの佐久間さんと食事をした。この大会は日本ジュニア選手権も一緒に行われていたので、5日間という長い日程。私は3日目の200m予選から出場した。「400mに出たい」という思いは、またも先送りされた。

熱のせいか身体がだるくて、とにかく今回は、200mは1本だけと決めた。大会によっては「予選でやめると次のレースに出られない」というルールもあるが、それならそれで仕方がないと思った。そんな体調で臨んだ200mの予選だったのに、20秒16（+1.9）という自己ベストが出たから驚きである。96年の日本選手権で出した20秒29を大きく上回るアジア新、日本新。それまで静かに進んでいた大会が、やっと盛り上がってきた。

しかし、200mの生涯記録になったそのレースのことを、あまりよく覚えていない。その後の100mのウォーミングアップは、はっきりと覚えているのに……。200mでは、自分たちのレースの前にジュニアのレースがあって、地元・熊本（九州学院高）の末續慎吾が走っていた。「あ、この子が東海大に来るんだ」と思ったものである。

200ｍの生涯記録（20秒16＝アジア記録）を打ち立てた98年の
日本選手権。100ｍでも10秒08の日本タイをマークした

20秒16のレースで覚えていることと言えば、最後に自分の脚が回り切らなくて、アップアップだったこと。現在の末續のレースに似ているかもしれない。ゴールには「たどり着いたあ」という感じ。「何秒かかったんだろう」と、タイマーを見るのが怖かった。よく考えると、きつくてスピードが落ちたのではなくて、脚の回転が追いつかないような感覚で、「これ以上トップで回らないよ」と思った時がゴールだった。

100m決勝で10秒08の日本タイ

翌日が100mの予選。そのころには熱は引いていた。そして、最終日の10月4日に100mの準決勝と決勝。予選は、200mの疲れをやや感じたが、10秒41（-2.0）。流しても、流しても脚が前へ進む感じだった。準決勝のアップは、本当に怖いぐらい。自分の身体がどこまで進むんだろうと思えて、「いいのかなあ」と逆に首をかしげた。どう表現していいかわからないが、1歩着いたらパーンと進む感じ。ビックリした。アップシューズのままでも勢いが止まらないので、たぶんスパイクを履かなかったと思う。宮川先生も気合が入っていた。

準決勝は10秒10（+1.4）の大会新。スタートがいい窪田慎（ゼンリン）が一緒で、前半は彼がガーンと行ったが、「追わないでおこう」と考えているうちにスーッと抜け出ていた。

それから3時間45分後の決勝。日本選手権で100m決勝を走るのは2回目だったが、何を考えていたのか。準決勝で10秒10を出し、朝原の日本記録にあと100分の2秒と迫って、「決勝では日本新を！」と期待する声が大きくなっているのはわかった。しかし、夕刻になって、自分自身疲れを感じ始めていた。これまで、準決勝で記録が出ても、決勝では伸びなかったレースも多い。私はいつもより早めにアップを終えて、入念にストレッチ体操を行った。周囲はざわついていたのに、一人だけ落ち着いていたような気がする。意外なほど冷静だった。

窪田だけではなく大槻康勝（法大）や土江など、スタートが得意な100mのスペシャリストがそろって、決勝の前はピリピリしたムードになっていた。この時、日本記録保持者の朝原は故障で欠場。井上悟（ゴールドウイン）もいなかった。レースはやはり大槻や窪田が先行した。私も決して悪くはないスタート。30mでは追いついて、あとは気持ち良くゴールへと向かった。あのレースが生涯で一番いい走りだったと思う。

追い風1・5mで、10秒08のタイム。朝原の日本記録（アジア記録）に並んだ。正直なところ「タイで良かったな」と思った。記録を出し、日本選手権を取ったら、あとは追われるだけ。その苦しさは200mで身にしみてわかっている。本心を言えば、自分の弱さのはけ口として、誰かを追いかけるような位置取りに100mや400mを置いていた。さらには、朝原と同時期に世界の大会へ出て行って、100mに的を絞った彼の練習やタイムを見ている。「自分なんかが100mで朝原に追いつくのは、まだまだ早い」と思ったのも事実である。

第11章

バンコク・アジア大会の光と陰（上）

10秒08の日本タイ記録を出して

1998年秋に熊本で行われた日本選手権。私は100mで初タイトルを取った。200mでは95、96年と2度勝っているが、100mの日本選手権優勝はそれ1回しかない。

しかも、朝原宣治（大阪ガス）の日本記録（アジア記録）に並ぶ10秒08をマーク。フィニッシュタイマーの「10・08」を見て思わずガッツポーズをしたものの、「これで正式タイムが10・09に訂正されたらカッコ悪いなあ」と、確定するまで内心ヒヤヒヤだった。

今、思い返すと、何か不思議な時空間だった。つい数日前まで10秒4以上かかっていたのに、あの朝原とタイ。「自分を見失わないように」、「決して朝原を超えたとは思わないように」と、我に言い聞かせた。ただ、一つだけ言えることは、日本選手権の10秒08は、その後のアジア大会の10秒00より、ずっといい走りだった、ということ。最後、ポーンと力が抜けたような感触を覚えている。

このころから〝100mの伊東浩司〟がクローズアップされるが、私自身は、100mは最初から最後まであくまでもサブだったと思っている。アジア大会も「200mで金メダルを取ること」しか当初、頭になかった。しかし、日本選手権を終えてからアジア大会を眺めた時、100mは「勝たないといけないな」と思った。朝原はいないし、レベルもそれほど高くない。そんな状況で私が10秒08を出してしまえば、当然「金メダルを取りたい」ではなく、「金メダルを取らないといけない」雰囲気になって来ていた。

それに比べて、２００ｍは厳しいレースが予想された。４００ｍで44秒台の記録を持つティラカラトネ（スリランカ）とイスマイル（カタール）の２人が、２００ｍにも出場してくる。彼らと競れば、そこそこのタイムが出ると思っていたが、記録はともかく勝ちたかった。

熊本の日本選手権で記録を出した後は、シドニー五輪のことも少しずつ考え始めていたけれど、まずはその年の12月に開かれるバンコク・アジア大会のことで頭が一杯。日本選手権の後は神奈川国体に地元代表として出て、リレーで優勝。さらには、冬季の練習もやりながら、アジア大会に備えた。直前には鳥取へ行って最後の調整練習をやったが、その時は正直言って、自分の身体がどんな状態にあるのか把握できなかった。感覚的には「調子悪いな」と思えても、実際に走るとタイムが出たりしていたのである。

98年の秋は、私の競技生活で最高のシーズンだったと思うが、あのころはケガとは違う、うずくような痛みが両脚にあった。腿の裏がピーンと張った時は、予想以上の走りができた。

100m準決勝で10秒00をマーク

タイのバンコクで開かれた第13回アジア大会。98年12月６日に開会式が行われ、陸上競技はその日に女子マラソンだけが消化された。その後しばらく間があいて、他の種目は12月13日から20

日までの日程。暑さが心配されたが、それほどでもなかった。

競技場はタマサート大学のメインスタジアム。選手村にはタマサート大の新築の寮が当てられた。それまでずっと一緒にナショナルチームのユニフォームを着てきた苅部俊二や簡優好（ともに富士通）と相部屋でも何ら問題はなかったが、100m、200m、リレーと出番の多い私は1人部屋にしてもらえた。スタッフの配慮だったと思う。

開会式の日に行われた女子マラソンで、高橋尚子さん（積水化学）がすばらしい日本最高記録で金メダルを取り、盛り上がった雰囲気で陸上競技がスタート。私は13日から早速レースとなった。200mより100mが先というのは、私にとって良かったかもしれない。10秒4前後で決勝に残れるぐらいのレベルだったので、気分的には楽だった。アジア大会より日本選手権の方がハイレベルというのも何か変だが、熊本で走った時のプレッシャーと比較にならなかった。100mはもう一人、大槻康勝（法大）が日本代表になっていた。

12月13日にまず、100mの予選と準決勝。予選は流しに流して、10秒03。追い風2・8mで参考記録になったが、他の選手はそれでほとんどあきらめてくれた。「クレージー」などと言いながらワーワー騒いで、半ばあきれたような顔をしていた。

2時間20分後の準決勝は、「9秒99」でフィニッシュタイマーが止まった。「あらまあ、また追い風参考記録か」と思って風を見たら、＋1・9m。「やったあ」と何度もガッツポーズをしていると、記録が訂正されて「10秒00」になってしまった。確かに、100mを走っているという力

98年のバンコク・アジア大会100m準決勝のスタート。伊東は1.9mという絶好の追い風を利して快走，歴史に残る10秒00の大記録を打ち立てた

感は熊本のレースの方があった。ただ、途中でちょっとスピードを上げようとしたらグーンと加速されて、最後は200mに備えるために力を抜いてゴールした。100mの3本は、200mのためにずっとスタミナ温存を考えてのレースをしていたと思う。

三ケタの速報タイムは、いつもと光景が違った。すぐに四ケタに変わったものの、スタンドの人たちが大歓声を上げ、割れんばかりの拍手を送ってくれた。アジア人が初めて9秒台をノックして、夢を分かち合った日。うれしかったけれど、周りが言うほど浮かれていたわけではなかった。やっぱり200mのことが気になっていた。ティラカラトネやイスマイルに負けないようにするにはどうすればいいのか。他にも中国やカザフスタンなど強敵はいたはずなのに、その2人が怖くて、

ゴールタイマーは最初「9.99」で止まり，アジア初の9秒台にスタンドは熱狂したが，正式タイムは10秒00に訂正されてしまった

不安の大部分を占めていた。

これは、私が高野進さんと同じ場所で練習していたことに起因している。400mで44秒78の日本記録を持つ高野さんは、練習でもとにかく速い。200mはあまりやらなかっただけで、本格的にやったらすごい記録を出すだろうと常々思っていた。だから、私の頭では「400mが速い人＝200mも速い人」というイメージが定着していた。高野さんの練習を間近で見られたメリットは大きいが、これはある意味ではデメリットの部類に入るかもしれない。

一番うれしかった200mの優勝

自分が10秒00のタイムをそれほど衝撃的に受け止めなかったのは、最後まで全力で突っ走ったわけではなく、力を抜いたので「9秒台なんてすぐに出るよ」と思ったことにもよる。実際、その日にもう1本走ったら、絶対に10秒かからないだろうと思えた。

しかし、100mの決勝は翌日だった。それほど記録を意識していたわけではないのだが、やはり心の奥底には「アジアで初の9秒台を出してやろう」という〝色気〟があったのだと思う。周囲の人たちは「9秒台なんて考えなくていいから」と言ってくれる。それがかえって期待の高さをうかがわせた。だからといって、動き自体にそれほど硬さはなかったと思う。ただ、走っている時の感覚が、前日とちょっと違った。私が4レーン、右隣りに大槻。スタートの良い大槻にやや遅れた感はあったものの、すぐにトップに立てた。そのあたりで「あ、重たいなあ」という感覚があった。タイムは10秒05（+1.6）。2位のタイの選手と3位の大槻が10秒31だった。

あのアジア大会の時は、大食い競争にたとえると、メインの200mになったら「もうたらふく食べました。これ以上入りません」という感じ。100mの予選から1本消化、2本目消化、3本目消化と、だんだん空のお皿が積み上げられていった。

ゴールして引き上げる途中に、記者の人たちと話をするミクスドゾーンという場所があるが、そこに来る人は1本ごとに増えた。100mの後はどれぐらいの人がいたのだろうか。騒然となっていた。日本選手がアジア大会の100mで金メダルを取ったのは、第6回大会（1970年）の神野正英さん（日大）以来28年ぶりと言うが、聞くまで知らなかった。「僕が生まれた年ですね」と、私は答えた。それも、同じバンコクだったという。

いくら周りがワーワー言っても、自分の気持ちは「200m、どうしよう」という不安を払拭《ふっしょく》することはできなかった。日に日に知名度が上がって、競技役員の接する態度が違うし、選手村での視線も熱い。体調はといえば、疲労をなるべくためないようにやっていたけれど、筋肉はずっとケイレンしていた。脚がつる感覚とはまた違って、心がリラックスしていても、筋肉は戦闘的になっている状態だと思う。

そんな時に高野さんが身近にいたのは心強かった。高野さんが日本代表チームの短距離コーチになって、全権で我々の面倒を見てくれるようになったのはそのあたりから。なにしろ、アジア大会で勝つことの重要さとステータスを、一番よく知っている人である。ましてや28歳という年齢の身体も良くわかっていて、ウォーミングアップ一つにしても、そのアドバイスは適切だった。

100m決勝の次の日（12月15日）は、4×100mリレーの一発決勝があり、朝原抜きの若いメンバーで優勝した。私は前回の広島大会に続いてアンカーを務め、2連覇のフィニッシュを決めることができた。

12月16日は陸上競技の中休み。翌17日から200mが始まった。予選はともかく、準決勝も中盤から力を抜いて流したのに、20秒41（+0.6）。タラル・マンスール（カタール）が広島で出した大会記録に並んでしまった。「こんな走りでよろしいのでしょうか」と、大会記録に申し訳なく思うほどだったが、まだまだ安心したわけではない。準決勝のもう1組では、3人が20秒6台で走っていた。

優勝へのこだわりを持って臨んだ200ｍも20秒25の大会新記録で圧勝。日の丸をかざしてのウイニングランにも喜びがあふれていた

最後のレース、200m決勝は12月18日。ここまでよくこぎつけたと思う。私が3レーンに入り、ティラカラトネが8、イスマイルが6レーン。それまではほとんど追い風のレースだったのに、その時だけは風が向かっていた。と言っても、走っている時は、追いも向かいも感じなかったが……。カーブを回って直線に出ると、先頭を走っているのがわかった。「このポジションのままゴールまで行きたい」、「早く勝ちたい」と気ばかりあせって、最後のあたりはフォームがバラバラになるほど大暴れ。あれがなくてスムーズに走っていたら、大変な記録が出ていたと思う。

それでも、20秒25（-0.4）のタイムは大会新。2位の中国の選手が20秒70だから、圧勝と言っていい。ティラカラトネは3位、イスマイルは5位と振るわなかった。400mで金、銀を取ったこの2人は、私が心配したほど200mに集中して来なかったのかもしれない。ともかく、無事に優勝することができた。安堵感と達成感。この大会で一番うれしかった。90年の北京大会で高野さんが優勝している種目で、自分も金メダルを取った。「勝ちたい」という純粋な気持ちでレースに集中できたからだと思う。

アジア大会MVPに選ばれる

アジア大会の男子短距離3冠は初めてだという。コーチングスタッフのある方には「4つ目もいくか？」と聞かれた。マイルリレーもやるか、という意味である。しかし、高野さんが「絶対

とも。

にやらせない」と言って止めた。「オリンピックの決勝だったら走ってもらうかもしれないけど」

自分でも「やりたい」という気持ちはもうなかった。２００mでものすごい達成感があって、そこで私のアジア大会は終わっていた。いま振り返ると、その「終わったあ」が、そのまま競技生活の「終わったあ」になってしまったような気がする。大会のＭＶＰ（最優秀選手）なんて、その後に降ってわいたような話である。

（その後２００１年に結婚した）博美を通してのことだが、私がバンコクへ出発する前に、積水化学の小出監督が「１０００万円がどうのこうの」と話していると聞いた。女子マラソンの関係者は、私たちの出発前にみんな帰ってきてしまっている。「何が１０００万円なんだろう。女子マラソンには何か特別なボーナスがついているのかな」と不思議に思っていた。それが、後になって判明した。アジア大会ＭＶＰの賞金が10万ドルだったのである。高橋さんが女子マラソンでアジア最高記録を出して優勝したので、それに王手をかけているという話だった。

ところが、そのＭＶＰは私の手に転がり込んできた。陸上だけではなく、全競技を通してのＭＶＰというのだから、驚きだ。閉会式はさすがに緊張した。事前にトロフィーを持たせてもらったら、ずしりと重たい。タイの王国のしきたりにのっとって、トロフィーの持ち上げ方や礼の仕方を注意され、無作法がないように気をつかった。自分では２００mの決勝のためにがんばった１週間だったが、そうやって最後の最後までバンコク・アジア大会を満喫させてもらった。思い出深い

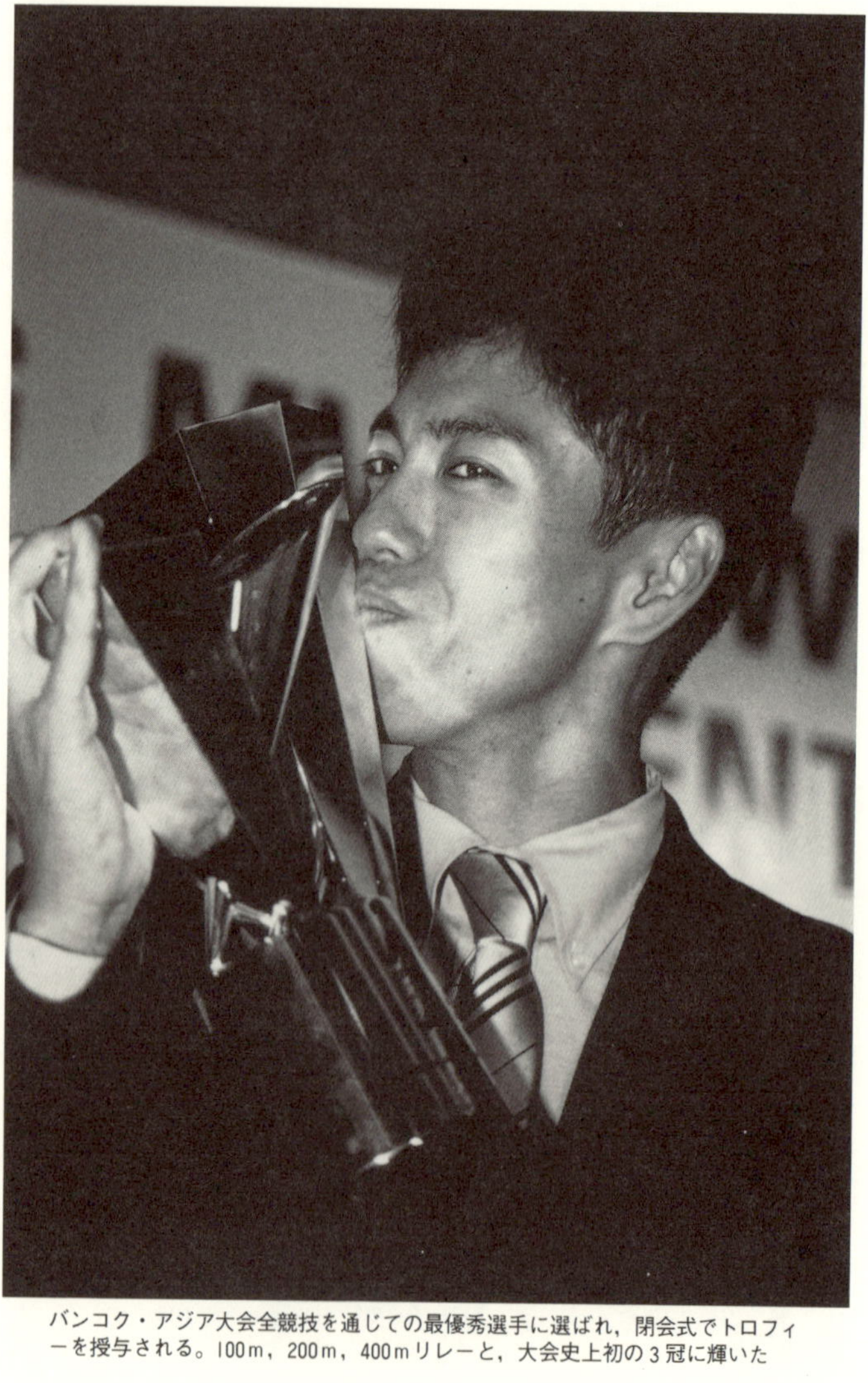

バンコク・アジア大会全競技を通じての最優秀選手に選ばれ，閉会式でトロフィーを授与される。100m，200m，400mリレーと，大会史上初の3冠に輝いた

大会として心に残っている。

だが、ここで何かが変わった。人前で話す機会をいただくとよく話題にすることだが、夢を持ってがんばるアスリートとしての生命は、98年のその大会で終わった。その後いつも「次、走ったら9秒台を出してやる」と思いながらやってきたけれど、アジア大会前の環境で練習や試合ができることはもうなかった。アジア大会の200mが終わった段階で、純粋に陸上に打ち込めた時期も終わったのだと思う。

帰国後に殺到した取材依頼

バンコクから帰国すると、成田空港でワーッとカメラマンに取り囲まれた。現地にいる時は日本の新聞を見てないので、国内でどんな報道がされているのかわからなかった。まして、テレビのワイドショーにまで取り上げられていることなど想像もしなかった。そのまま空港内の一室で記者会見をやって、あるテレビ局へ直行。大晦日には女子マラソンの高橋さんと一緒に、NHKの紅白歌合戦にも顔を出している。新聞、雑誌、テレビと取材依頼は半端ではなかった。「健康」にかこつけて女性誌からも来た。

それらをさばいてくれたのが、富士通陸上部の先輩でもある岩崎利彦さんだった。ちょうど私がバンコクから帰国した日に広報室へ異動になり、空港に出迎えに来てくれたのが〝仕事はじめ"。私がシドニー五輪までやれたのは、岩崎さんが広報担当として配慮してくれたこと、そして陸上部のスタッフが私のやりやすいように調整してくれたお陰だと思っている。

110mハードルが専門だった岩崎さんは、91年の東京世界選手権で13秒58の日本新（当時）をマークした。選手の身になって物事を進めてくれた裏には、自身の経験があったはずである。

バンコク・アジア大会の後の大きな大会といえば、翌99年3月に群馬県の前橋で開かれた世界室内選手権だが、そのあたりから私はマスコミの人たちとの対応で、ストレスを溜めていった。レースを1時間後に控えているというのに、アップの時からカメラに追い掛け回される。だったら、みんながやるウォーミングアップエリアでなければいいだろうと思って、誰もいないスペースを探す。「なんでこっちがこんなにコソコソしないといけないのだろう」と、理不尽さに腹が立った。

ちょっとでも姿を見せると、カメラマンがサーッと出てきてパシャリ。走れば追いかけてくる。レースの後がまた大変だった。それまでは「次のレースがあるから行かせて下さい」と言うと、わかってくださる人たちだったのに、それができなくなった。ラウンドに関係なく質問を浴びせる人がいた。「選手も勝手だ」と言われれば、そうかもしれない。有名になる前は「テレビに映りたい」と思っていたくせに、実際にそうなってみると悲鳴を上げてしまう。今の室伏広治君や高橋尚子さんぐらいの域に達してしまうと、堂々と対応できるのだろうけど、当時の私では無理があった。

これは身をもって体験したことだから、つくづくそう思うが、100mと200mの評価には雲泥の差があった。アトランタ五輪の200mで準決勝まで進出。もう1歩で決勝へ、という時も世間の人は注目してくれた。しかし、アジア大会の100mで10秒00を出してからは、その比ではなかった。100mの方がわかりやすくて、一般受けするのかもしれない。「黒人以外で初めて9秒台を出す選手」と言われれば、訴える力は強い。

社会人4年目だった95年に、一度10秒21を出したことがある。朝原の日本記録10秒19に迫って、取材に来る人が増えた。一緒に練習していた別のパートの選手は「100mはいいですね。ちょっと記録を出すと、こんなに記者の人が集まってくれるんだから」とぼやいていた。その時は聞き流していたが、確かに100mは違った。同じ短距離でも、100mと200mでは、世間の反応に驚くほどの違いがあった。ある意味、10秒00ではなく、9秒99だったら、逆に楽だったのかもしれない。9秒台そのものへの期待感はなくなるわけで、後になって「もったいなかったなあ」としみじみ思う。かえすがえすも「あの日にもう1本あったら……」と思えてくる。

走り出した「9秒台」への期待

アジア大会以降の練習は、ほとんど身が入らなかった。ただ動いているだけ。東海大の宮川先生も、鳥取の小山先生も、9秒台突入に向けて、次々とプランを練ってくる。しかし、私は静かに、ひたすら静かに、アジア大会のことは忘れて、今まで通り積み重ねていきたかった。

選手が10秒00まで来たら、あと100分の1秒縮めて9秒台を出させたいと、どんな指導者でも思うだろう。それは、自分が指導者になった今わかることで、当時は「もうやめてくれ」と叫びたかった。「9秒台を出させたい」という気持ちが、私自身の苛立ちにつながった。周囲のプレッシャーと指導者の願望が、私の心の中で一緒くたになって、何もかも拒絶したくなっている自分がいた。

これも今になってわかることだが、そういう選手が目の前にいたら、指導者は「条件さえ良ければ（9秒台が）出ますよ」と言ってしまうと思う。そのひと言が、時には私自身の「9秒台宣言」に飛躍してしまう。指導者のコメントは「コーチも太鼓判」となる。たとえば、指導者が「風さえ良ければ9秒9台の前半はいけますよ」と言ったとする。それは「9秒台を出せる」という話にすり変わる。これが苦痛だった。

アジア大会の年の夏、鳥取の練習で走り方も考え方もだいぶわかってきていたので、体調が悪い時でもそこそこ走れてしまう。だから、なおさらいけなかったのかもしれない。

陸上をわかっていない記者は、日本人が練習で9秒台を出すことはあり得ないと思っていた。そういう頭の人に「加速走で9秒いくつ」と言うと、またバーンと書かれる。練習で9秒いくつだから、レースになれば9秒99は上回るという論理だ。手動で9秒99だったら、電気計時では10秒2台に過ぎない。だからといって「これぐらいではいつも軽く走りますよ」と言ったら、とんでもない記事になってしまう。

第12章

バンコク・アジア大会の光と陰（下）

不信感のかたまりに

年が明けて1999年になると、精神的にますます追い詰められていった。どこに行ってもじろじろと見られ、家にこもるようになった。すべてに対して苛《いら》つきがあって、コーチとの関係もぎくしゃくしていった。

「9秒台を出すにはどうしたらいいか――」といろいろ模索してくれる指導者の路線にスーッと乗ってしまえば、あるいはあんなに苦しまずに済んだのかもしれない。そのころの私はそれだけの器量がなかった。渦中にいる時は、すべてが足を引っ張っているように感じていた。お世話になった方々には本当に失礼なことをしたと、今になってつくづく思っている。

あのころ、朝原宣治（大阪ガス）に「ひどいもんだよ」とこぼしたら、「僕は楽になりましたよ」と言っていた。彼が10秒08の日本記録を作った97年、やはり事あるごとに「9秒台」の期待をかけられて大変だったはず。その目が今度は私に移って、さらにエスカレートした。そういう意味では、今の朝原はいい環境だと思う。限りなく9秒台に近い位置にいるけれど、彼の10秒02の上に私の10秒00があるから、それほど騒がれないでいる。

時には同じチームの苅部や簡とたわいない話をして気持ちをほぐしていたが、陸上のことで一番心を開いて話ができたのは、大学の先輩でもある高野進さんだった。高野さんの専門が400mだったので、話の内容で「自分とはちょっと違うかな」と思うところも確かにあった。しかし、どこかに行って、私の立場になって物事を進めてくれたり、弁護してくれるのは、いつも高野さんだった。

東海大のグラウンドへ練習に行って、「そろそろ大腿をケガするから気をつけろよ」と言われたことがある。2000年になってからだったか。そうしたら、じきにそこをケガしてしまった。

ある時は、高野さんの奥さんに、これも大学での立ち話だが、現役最後のころの話をじっくり聞いた。「そのころから（人の視線が気になって）ほとんど電車に乗らなくなった」というような話を聞いて、「オレだけじゃないんだ」と心が落ち着く感じがした。

91年の東京世界選手権と92年のバルセロナ五輪で400mのファイナリストになった高野さんは、もちろんスポーツ界のヒーローで、顔も名前も世間に知れ渡っていた。それでも、私のように外に向けてのピリピリ感はあまりなかったと思う。むしろ自分の身体との闘いから来るピリピリで、奥さんが話す家庭での様子にそれがうかがえる。私もシドニー五輪を目指す2000年は、自分の身体とも闘わなければならなくなった。

アジア大会後は、職場の人たちにも助けられた。不信感のかたまりになっている私をソッと見守ってくれ、職場に行くとホッとした。「ここにはオレをじろじろ見る人はいない」という安心感があった。グラウンドへ行ってもカメラマンが陰に隠れていたりして、本当に外では気が休まることがなかった。

私のような若輩がわかったような口を聞くと「そんなレベルではないよ」と言われそうだが、

先陣を切って世界のスポーツ界へ飛び出し、道を切り開いていった人たちの気持ちが、少しだけ理解できたような気がした。野球やサッカーで活躍する人がテレビに映って無愛想だったりすると「あの人たちはもっと大変なんだろうな」と思ったりもした。

前橋で開かれた世界室内選手権

99年の3月初めに群馬県の前橋市で第7回の世界室内選手権が行われた。大会に出て、またマスコミに追い掛け回されるのはイヤだったが、やはり日本で開かれるビッグイベントだし、出たかった。91年の東京世界選手権で、国内で行われる国際イベントの楽しさをたっぷりと味わっている。その後、広島のアジア大会や福岡のアジア選手権も、まずまず良い結果を残せた。世界室内は前橋の大会が3回目の出場で、その前は2回とも失敗しているが、今度は国内で行われる大会でもあるし、なんとか形を残したいと思っていた。

ところが、私の気持ちは穏やかではなかった。伏線は200mの準決勝。私は一番アウトの6レーンに入った。すると、トラックの外側にズラリと並べられたスポンサーの広告フェンスのすき間から、カメラが狙っている。室内だから、すぐ目の前である。私は審判員に「レースに集中できないから」と言って、どいてもらった。しかし、スタートする時には、また元の位置に戻ってカメラを向ける。これがまず頭にあった。

99年３月，前橋で行われた世界室内選手権に出場。執拗に狙ってくるカメラや周りの雑音に悩まされながらも，200ｍで５位となりホスト国としての意地をみせた

続く60ｍの時も間近でカシャカシャとやられた。走り終わって記者の人に囲まれた時、「集中できなかった」とそれをポロッとこぼした。そうしたら、あくる日の新聞に「決勝に残れなかったのはマスコミのせい」というとらえ方で書かれた。それが最大の要因になって、「もう2度としゃべるものか」と、私は貝になった。「スタート遅れましたね」と聞かれたので、「あれでは気になって出られませんよ」という言い方をしたと思う。別に責任転嫁するつもりは毛頭なかったし、本当にすぐそばでシャッターを切るカメラマンには腹が立っていた。「もういいかげんにしてくれ」ときつい口調で言っても、引き下がってくれなかった。週刊誌でも書かれ、人前に出るのがほとほとイヤになった。

バンコクのアジア大会で10秒00を出してからのさまざまな軋轢や葛藤。「記録を出さなければ良かった」とまでは思わないけれど、その肩書きが邪魔だと思ったことは何度もある。みんな物事をそこで考えるし、話はどうしてもそこに行く。特に現在は、そのことを抜きにして学生と接したいと痛切に思っている。誰かが9秒台を出せば、私の10秒00など過去の記録としてみんなの記憶から消えていくわけで、その日は近いと信じている。

前橋の世界室内に話を戻すと、200ｍの準決勝では20秒63のアジア新（室内）を出して2着。世界と名のつく大会で、個人種目では初めて決勝に残った。あの決勝の緊張感はすごかった。室内でこれだったら、屋外の大会で決勝に残ったらもっとすごいんだろうな、と想像するだけで身震いがした。レベルの高いレースになって、フランク・フレデリクス（ナミビア）が20秒10の大

世間やマスコミからの注目度がアップすればするほど，次第に
自分の殻に閉じこもってしまうようになって誤解を招くことも

会新で金メダル。私は20秒95で5位だった。それまでは21秒を切ったら3番以内に入れるようなレベルだったのに、あの年だけは20秒5を切らないとメダルに手が届かなかった。

初めてのファイナルで、スタートの前は手足の震えが止まらなかったのを覚えている。あれほど緊張したのは、全日本中学校選手権以来ではないかと思う。それまで決勝に残ったことがないので、次のラウンドがないレースのアップをどうやったらいいのかわからなかった。苅部が、パリの世界室内大会４００ｍで決勝に残っているので聞いたら、「オレもわからなかった」と言っていた。

予選の前は何十人という選手がアップをしているのに、決勝になったらたったの6人だけ。あの研ぎ澄まされた緊張感を一度でも経験できたのは良かったと思っている。

GPローザンヌ大会で10秒06

99年の屋外シーズンはセビリア世界選手権がメインだったが、私はその前にまた世界の大会を回った。アジア・チャンピオンという立場と10秒00の持ちタイムが効いて、前より出やすくなったことと、「日本から脱出したい」という、いわば〝逃避行〟。それでも、現地へ行くと日本の通信社の方が取材に来ていて、そのネットワークに改めて感心させられた。

自分としてはグランプリ・ファイナルに挑戦したい、という希望があった。最初の大阪グランプリが200mで4位（20秒51）。その後、5月中にアメリカへ行って、USオープン（セントルイス）が20秒41で3位、プレフォンテイン・クラシック（ユージン）が20秒34（+3.5）で2位。これで獲得ポイントはトップに並び、9月にドイツのミュンヘンで行われるグランプリ・ファイナル出場へ夢が広がった。

だが、結局は10番目で出られなかった。走れる試合に走れなくなったり、200mがノングランプリの100mに変更になったりと、不運もあって上位8人に入れなかったのである。私の海外遠征については日本陸連の方が一生懸命手配して下さったが、あの時期、代理人の必要性をすごく感じたのも事実である。

最近になって日本でも代理人が認められたので、これから海外へ出て行く選手は、もっと便宜を図ってもらえるのではないだろうか。

一度、自分で大会のテクニカル・ミーティングというのに出たことがある。「いつも1レーンではイヤだ」と言いたかったのだ。強力にプッシュする代理人を持たない選手は、いつも隅っこのレーンに追いやられる。ちょっとだが、あの時、商業陸上の一端を垣間見せてもらった。海外遠征にも慣れて、そのころはだいぶ図太くなっていたのだと思う。今まで迎えに来てもらう方法がわからなかったタクシーも、自分で呼んだりした。インターネットが普及したことも心強かった。長距離の高岡寿成（カネボウ）も当時から海外を転戦していて、ところどころで会っては日本語でしゃべれた。

6月末からはヨーロッパに乗り込んで、7月2日、スイスのローザンヌの大会では100mで10秒06（+0.4）をマーク。6月にアテネの大会で9秒79の世界新記録をマークしたばかりのモーリス・グリーン（米国）や、アテネ世界選手権金メダルのアト・ボルドン（トリニダードトバゴ）ら、そうそうたる顔ぶれがそろう中で6位に入った。

朝原が97年に10秒08という当時の日本記録をうち立てたグランプリ大会である。10秒06は、アジア大会で出した10秒00、10秒05に続く自己3番目の記録。バンコクでマークした記録がフロックではないことを証明できてうれしかったが、これでまた9秒台と世界の大会での決勝進出が現実味を帯びてきたとして、取材の包囲網が一段と強まった。

セビリア世界選手権でも準決勝進出

スペインのセビリアで8月に開かれた世界選手権は、海外のトップ選手がそうしているように、一連のグランプリ大会を回って、その流れの1レースとしてとらえた。初めのうちは国内の選考会ですらドキドキしていたのに、そのうち標準記録は自然とクリアするようになって、気がついたら5度目の世界選手権出場。その間、茹部も競歩の今村さんも、いつもそばにいた。ずっと一緒の人もいれば、その大会で初めて出会う人もいる。中には一度もしゃべらずに終わる人もいる。

セビリア世界選手権には長野・佐久長聖高の佐藤清治君と長崎・諫早高の藤永佳子さんという2人の高校生が日本代表として出場した。佐藤君は1500m、藤永さんは5000mで好記録を出して注目されていたが、私が年齢的に離れてきたからだろうか、高橋和裕が添上高時代に2000mの日本記録を更新してポーンと出てきた時のような驚きはなくなっていた。

セビリアでもまた、マスコミの人とのいざこざがあった。マラソン選手はがっちりとガードされていて、決められた日に記者会見がセットされている。「その日以外は取材はダメですよ」と通達が回っている。私もそうしてほしいと頼んだが、無理だったようで、練習に行くとカメラマンがサブトラックに入ってくるわ、ホテルに来るわで、収拾がつかなくなった。あの時ばかりは、普段温厚な簡が「止めてください」とカメラマンを制止してくれた。

大会後、選手が陸連に提出する反省文にそのことを書いたら、翌年のシドニー五輪では、マラソン陣にならって取材日を設定してくれた。せっかく遠い外国まで取材に来てくれているのだから、長年お付き合いをしている担当記者の人たちとは直接話がしたい。しかし、マナーを守らない人がいるせいで、それもできない。申し訳ないと思っていた。

あのころは散々不愉快な思いをしていたので、性格的に自制が利かなくなっていた。一番大事にしなければいけない人に対しても、切れたら終わり。東海大の宮川先生、鳥取の小山先生、富士通の木内監督。みんな、私の扱いに手を焼いていたと思う。あのころの失礼な言動をどうお詫びしていいかわからない。もう自分で自分に不信感を抱いていた。同時に、身体にもたびたび変調が表れた。全身に湿疹が出たり、急に呼吸が苦しくなって救急病院へ飛び込んだり。神経性胃炎というのは年がら年中だった。

セビリア世界選手権の前は、ストレスから来る全身の発疹。世界選手権後は斑点。血管の周りが蚊に刺されたように赤くなっていた。ヨーロッパに行ってから体重が10kgぐらい落ちたので、食事はしっかり取るようにしていたが、身体はきつかった。ああいう時はアルコール類を飲んでも全然酔わないもので、セビリアのホテルでは〝ラウンジ〟と呼ばれた簡の部屋に集まって、陸上以外の話で盛り上がっては気を紛らせていた。

レースは100mが2次予選まで、200mはどうにか準決勝まで駒を進めた。100mの2次予選でスターティングブロックを合わせている時に、腿の内転筋がピリッと来た。日本に帰ってから肉離れとわかったのだが、それにしてはよく走った方だと思う。200mで準決勝まで行ったのは意地というか、根性というか……。2次予選も準決勝も20秒51だったけれど、96年のアトランタ五輪のころに比べると、周りのスピード感が落ちているように思われた。特に前半はそ

セビリア世界選手権は心身ともどん底状態で臨んだが，200mでは準決勝進出を果たす。96年アトランタ五輪のころと比べると，地力がついたのを確信した

れほど速く感じなかった。もしかしたら、少しだけ地力がついていたのかもしれない。

ヨーロッパから帰国して、9月15日のスーパー陸上に強引に出た。疲れきっているし、脚はケガをしているしで、本当は棄権したかった。でも、スーパー陸上クラスの大会になると、外国選手でも「出たい」という人が大勢いる。「これは出なくちゃいけないな」と思ったのが判断ミスで、99年は100mで5位になったその大会が最後のレースになった。

その後、鳥取へ行って調整し、うまく仕上がってきたのに、最後の日に腰を痛めて10月初めの日本選手権は出られず。それでも、11月の陸連理事会でシドニー五輪の代表に内定した。「早すぎる」、「日本選手権に出てないじゃないか」と、またも矢面に立たされた。あの時はセビリア世界選手権と日本選手権の結果で、男子ハンマー投の室伏広治君らとともに8人が代表に決まった。私は世界選手権で準決勝まで行ったことが評価されたのだと思う。

100mという種目のとらえ方

「100mとは？」と問われたら、陸上競技の原点というより、全スポーツの原点という思いが強い。やればやるほどむずかしい。しかし、努力すれば速くなる。100mは限りなく努力できる人がやるスポーツだと思う。「黒人にはかなわない」と言うが、彼らの方がより合理的な練習を、より多くやっているのも確かである。100mの魅力は、何よりもあの横一列の圧迫感にある。

200mより100mが注目されるのも、まっすぐ走って勝負がすぐわかること、スタート位置が一緒、ゴール地点が一緒ということに関係してくる。

特に、黒人が交じった100mは、そうでないレースとまったく雰囲気が変わる。威圧感がまるで異なる。そこに放り込まれた日本選手など、蛇ににらまれた蛙のようなものかもしれない。やはり素質という部分があるのだろうが、筋肉の付き方がきれいだし、研ぎ澄まされた感じがする。

しかも、100mは号砲一発に合わせるので、その一瞬に向けて精神的にグッと追い込んでいく。そういう意味では、努力も大事だけれど、メンタル面が大きく関与する。大会のレベルが上がれば上がるほど、そこでの心理状態がレース結果に関係してくる。200mならまだ取り返しがつくが、100mは最初の3歩で遅れたら話にならない。

かつて100mで日本記録を作った飯島秀雄さんや不破弘樹さんは、自分で自分の気持ちをコントロールできなくなるぐらい、テンションが高まる時があったという。それをうまくサポートしてくれるコーチと出会えれば、100mは伸びるのではないだろうか。200mを専門にした私が、もっと若いうちから100mに取り組んでいたとしても、飯島さんや不破さんのようにテンションを高めることはできなかったような気がする。シドニー五輪で100mのスタート位置に並んだ時、他の選手よりテンションが劣っているのは明らかだった。

見ていてわかるように、やはりアメリカの選手はテンションが高い。奇声を発したり、しきりに身体を動かしたり。逆にイギリスの選手はジーッとしていて一点を凝視するタイプが多い。ク

バンコク・アジア大会の大活躍が評価され，ワインメーカーが主催した98年度の「ニューワールドフロンティア賞」に選ばれる。左から狂言の和泉元彌，伊東，女優の工藤夕貴，プロ野球の佐々木主浩

リスティもチエンバースもそうだった。それはそれで圧迫感があって、怖い。100mのスタートで、スタンドが静寂に包まれると、一緒に並んだ選手の鼻息まで聞こえる時がある。200mは階段式のスタートなので、それほどの圧迫感は感じないで済む。

こう考えると、朝原のアトランタ五輪の100m準決勝はすごかったと思う。自分ではパーフエクトに走っているつもりでも、9秒台の人がダーッと行ってしまったレース。あの走りが再びできれば、彼はこの次、絶対に決勝に残れるはずである。ただ、100mは〝心のスポーツ〟なので、ちょっとしたことが気になる。たとえば、脚の状態。アトランタ五輪の後にケガをした朝原は「治った」と言われても、どこかに怖さを秘めている。それが払拭され、一番いい時のイメージと合致したら、やってくれると思う。

私が9秒台を出すことはできなかったが、高野さんが敷いた日本の短距離の路線をどうにか引き継ぎ、今は朝原、末續(東海大)らにつなげられたと思っている。高野さんが第一線を退くと同時に短距離界がそのまま沈んでしまうのではなくて、私たちが少しずつ押し上げてきた。高野さんが開拓者なら、私たちは裾野を広げたぐらいのものだが、選手の層が厚くなっただけ良かった。

それに、最近は選手寿命が長くなってきている。以前は100m、200mがダメだったら400mという風潮があって、変に距離を踏む傾向があったが、今は長いスパンで考えてトレーニングメニューを組んでいる。高野さんも私も、30歳を過ぎてなお現役だった。「オレもあそこまでがんばろう」と思ってくれる選手が増えているとしたら、うれしい。

第13章

競技人生の〝集大成〟シドニー五輪

鳥取で9カ月ぶりのレース

1999年の秋は腰を痛めて日本選手権に出られず、早めにシーズンを終えた。早々にシドニー五輪の代表に内定してもらい、選考会のことを考えずに治療に専念できるのはありがたかった。2000年のオリンピック・イヤーを迎えて、冬場は沖縄に行って本格的な練習を始めた。秋にやったケガはほぼ完治して「これはいいかなあ」と思っていた矢先、ハムストリングスを目一杯使うような動きに変えようとしていて再び2月にケガをした。

実際、あのころはハードルを三角錐になるように倒して200mハードルをやっても20秒台半ばでいったので、調子そのものは悪くなかった。しかも、不意に起きたケガではなくて、練習中に意図して動かそうとして起きたもの。準備不足だったのか、その部分に過剰に負担がかかって痛めてしまった。

ハムストリングスを目一杯使うということは、さらに腿を上げないようにしようという走り。今まで以上にすり足に似た感じになって、推進力が生かせる。セビリア世界選手権の前もそれを試みようとしてバランスを崩したので、シドニー五輪ではチャレンジしたかった。そのために、冬季のうちにマスターしようとしていたのである。

シドニーは3度目のオリンピックとなり、競技人生の集大成という意味合いはわかっていた。社会人になって9年目。おそらく、最後のビッグ大会になるであろう。「それならば」と、冬場の練習でいろいろなことを試してみたかった。ところが、結果的にはその貴重な時間がケガとの闘いに費やされてしまう。2月に左脚の腿裏を痛めて、その後はボチボチとやっていたのに、走り始めてすぐ、また同じ箇所を傷めてしまった。お陰で春季サーキットは全部出場をとりやめた。

オリンピックの陸上競技は9月の下旬。すでに代表に決まっている選手は、そこにドンピシャリと合わせればいいようなものだが、なぜか春からきちんと試合に出ないといけないような雰囲気が伝わってくる。ケガをして出足が遅れた内定選手は、かえってそれに苦しめられた。試合に出ないからといって、決してぐうたらしているわけではない。必死でケガを治そうと努力していた。だが、ケガの部分だけを強調されて「伊東、欠場」などと言われると、内定をもらったことが犯罪のように感じられて、自分でもどうしていいかわからなかった。

大学1年の時のソウル五輪を含めれば、それまで「オリンピック代表選手選考会」という大会を3回経験していた。出なくて済むのであれば、あの緊張感は味わいたくない。そういう思いがあったので、99年のうちに代表に決めてもらった時は「ラッキーだな」と思った。反面、罪悪感を抱かされたのも確かで、「オレは何も悪いことをしているわけじゃない」と、心の中で叫び続けた。

世間が「オリンピック、オリンピック」と盛り上がってくる中で、いよいよ元気な姿を見せなければ収まりがつかないようなムードになってきて、私は6月に鳥取で開かれた全日本実業団対抗に無理やり出場した。そこへ行く途中、広島に寄って、トレーナーの白石ひろしさんにハリ治療を施してもらった。白石さんのところには報徳学園高時代の同級生がいて、その関係で5月からお世話になっていた。私はそれまで本格的にハリはやったことがなかったが、信頼している人から「いいよ」と言われて、「じゃあ、やってみようか」と思うようになっていた。そう踏ん切りをつけるだけの状況に追い込まれていたのかもしれない。東海大の宇佐美先生には、スポーツアロマを紹介してもらった。

鳥取へ行くと、オリンピックの年ということでやはりマスコミの人が多かった。私は前年9月のスーパー陸上以来だから、9カ月ぶりのレースになる。ケガの回復具合はゆったりだったし、トレーナーには「まだやめておいた方がいい」と言われていたぐらいなので、正直走るのが怖かった。とりあえず100mを1本、予選だけ走ってみることにした。これが10秒38（+1.0）。現状ではまずまずの走り。心も身体もまだ冬季練習中の状態だったので、予想を上回る感触だった。ならば、もう1本。準決勝も走ってみると、10秒45（+0.9）。1着で通過したが、決勝はやめておいた。これで「伊東はどうした」という非難めいた声から少しは解放された。

脚の故障を隠して五輪代表合宿へ

ホッとしたのも束の間、鳥取から帰ってすぐ、左脚ふくらはぎを肉離れした。全日本実業団でそこそこ走れたので、「これからスパイクでも履いて練習しようかなあ」と考えていた矢先のこと。

オリンピックイヤーの最初のレースは６月の全日本実業団対抗。びっくりするほどの報道陣に囲まれたが，100ｍで10秒38と健在ぶりを示した

東海大で練習している時だった。しかし、「またケガをした」というと何を言われるかわからなかったので、これは公表しなかった。シドニー五輪前のあの時期はもう綱渡りで、いつ大きなケガをするか、時限爆弾を背負っているような感じで練習していた。心も身体もぎりぎりのところに置かれていたと思う。

日本陸連の短距離合宿が組まれ、公開練習日というのがあった。マスコミの人たちが近況を聞きに来るので、私もその日は元気な顔をした。幸いにも高野進さんが男子短距離のヘッドコーチだったので、マスコミ対応でも気をつかってもらった。自分も現役終了間際はケガ続きだっただけに、経験から基づく高野さんの配慮がありがたかった。

あの短距離合宿は若手に活気があって、雰囲気も良かった。私や苅部など〝集大成組〟

レースに復帰したのもつかの間，またも左脚を肉離れ。オリンピックを目前にして切羽詰まった状況に追いこまれた。右は朝原宣治

はケガをしていて、その場にいるのが良かったのか悪かったのかわからない。少なくとも私は自分のことで精一杯で、「若い選手を引っ張っていかなければ」という余裕はなかった。為末（法大）や末續（東海大）がワーワー言いながら走っているのを見ると、それに乗っかって自分も走りたい。でも、走ったらまた故障して、取り返しのつかないことになるかもしれない。まさに時限爆弾を背負っているような感じで、毎日恐る恐る練習していた。

誰にも会いたくない時期だった。誰もいない所で練習したかった。本心を言えばそういう合宿に行くのも苦痛だったが、高野さんがコーチだったので出て行った。コーチングスタッフのみなさんが精一杯、やりやすい環境を作ろうと努力してくれているのがわかった。私は高野さんの現役時代の最後と重なっていて、私の比にならないぐらいピリピリした時期を知っている。その人が選手の立場になって、あちこちに気配りをしてくれているのを見ると、申し訳ない気持ちが先に立った。それも「オリンピックという舞台で最高のパフォーマンスをしてほしい」と願うからこそ。誰よりもそれをわかっていたからだと思う。

心も身体も瀬戸際だった五輪前

ふくらはぎのケガは8月に入ってから、少しずつ良くなった。不安を隠しながら、全日本実業団の後はアメリカへ行き、8月初めにはヨーロッパで2戦。ロンドンのＧＰⅠの大会で２００ｍに出た後、オーストリアのリンツに移動して、ＧＰⅡの大会に出場した。リンツ国際では、２００ｍは20秒96（+0.5／5位）にとどまったものの、１００ｍは10秒38（+0.3）で気持ち良く走れた。３位に入り、順位もまずまず。

実はその前日、リンツ国際が8月8日だから、8月7日の晩だったと思う。私のシューズを作ってくれているアシックスの三村仁司さんがわざわざホテルの部屋に来て、一生懸命マッサージをしてくれたのである。自身も陸上競技をやっていたけれど、今はクツを作る職人。もちろんマッサージなど専門外だ。

それなのに、「これでいけるぞ」と言いながら、クツを作るその手でていねいに脚をさわってくれる。私は、心の中で「そんなこと言われたって怖くて走れないよ」と思っていた。だが、当日になって「三村さんがここまでやってくれたんだから」と勇気が湧いてきて、思い切り走ってみることにした。

これできっかけをつかめたのだから不思議である。タイムはあまり良くないが、感覚が戻った。「脚が痛くなるだろう」という恐怖からも解放された。やっと気分が前向きになって、「オリンピックだ」と思って練習を始められた。だから、8月に北海道の士別で行われた代表合宿は苦にならなかった。

8月末からは同じ富士通の箇と一緒に沖縄で合宿した。この10日間は「1日がもったいない」という感じで練習をやった。それまでの遅れを取り戻すような気持ちでいたのだろうか。

私が沖縄に滞在中、9月初めに行われた日本インカレで、法政の川畑伸吾が100mで10秒11の日本学生新、東海大の後輩の末續も10秒19（日本学生タイ）をマークした。当然ニュースはすぐ耳に入ったが、それでどうこうという感情の変化はなかった。彼らも五輪代表。本来は「学生に負けるものか」というようなライバル心が生まれてもおかしくないのかもしれないけれど、彼らと勝負する気持ちはあまりなかった。オリンピックまであと1ヵ月。どうにか仕上げて、最善を尽くしたい。私の気持ちはその一点に集中していた。

100mだけどうにか間に合った

9月に入ってからは、その時点の体調を落とさないことだけを考えた。「シドニー五輪日本代表選手壮行試合」と銘打たれたスーパー陸上が9月9日、横浜国際総合競技場で行われたが、そこまではやれることを精一杯やり、あとは体調を維持しながらオリンピックに臨みたかった。とにかく、１００ｍがぎりぎり間に合ったというレベル。２００ｍは現地へ行ってみて、やるか、やらないか判断しようと思っていた。１００ｍが１次予選で落ちるようなことがあったら、２００ｍはやめる公算が大きかった。２００ｍの練習はゼロと言っていい。21秒を切る自信すらなかった。

スーパー陸上は１００ｍに出て、10秒26（-0.3）で3位。1週間前の日本インカレで10秒11をマークした川畑に１００分の１秒負けたものの、自分では10秒2台が出せてホッとした。これで、どうにか１００ｍは走れる。10秒1前後でいけるラウンドまではがんばりたい。しかし、それ以外のことはまったく読めなかった。日本を発つ時は「もうちょっと日にちが欲しい」と思った。もう少し練習ができれば、闘おうという心持ちになるかもしれない。だが、現状で走るしかなかった。「オリンピックでがんばろう」という気持ちより、「どうにか走らせて欲しい」と神にも祈るような気持ちでいた。

シドニーへ行くのは、その２０００年秋が初めて。オーストラリアは南半球なので、春というのだろうか。男子短距離陣は学生が勢いづいていて、ガンガン練習していた。「あのテンションに引きずられたら、またケガをするな」と自分に注意信号を出した。選手村ではそうした学生たちと別の部屋になり、私は高岡寿成や室伏広治といった、種目は違うけれど、年齢的に近い人と一緒にしてもらった。これも周囲の方の配慮だと思っている。

アトランタ五輪のころからだと思うが、私は「このぐらいの体調だったらこのぐらいで走れる」というのが、だいたいわかるようになっていた。決め手は練習の過程と体重、それにストレッチした時の筋肉の感覚と走った時の着地の感覚。それだけで予測が立てられた。

シドニーのオリンピック・スタジアムはやや軟らかめのトラックだったので、いつもの感覚と違った。それでも、10秒3は切れると思った。「10秒2はどうかなあ」という感じ。200mは「21秒を切れない」という思いが変わらなかった。なにしろ身体を1本の軸にして100mがようやく走り切れるかどうか。それ以上だと体幹がぶれてきてしまう。向こうに行ってからも「200mは絶対に無理だ」と思っていた。

体重も走れるかどうかの目安の一つになるが、私は増減が激しい割に、ほとんど体重計に乗って測ったりしない。これも自分の感覚を頼りにしている。重いと思ったら食事を抑えたりして、調整していた。身体は正直なもので、走れていない時はそれほど食べたいと思わない。ケガをしていて練習量が少ない時は一時増えるかもしれないが、走り出したらまたすぐに減る。初動負荷理論というのは、血液の循環が活発になるせいか、実践していれば大きく体重が増えることはなかった。

予想外の100m準決勝進出

私のシドニー五輪は9月22日、男子１００ｍの1次予選で始まった。やるからには「少しでも上のラウンドへ」と思ったが、欲張った気持ちはなかった。陸上競技をやる人は「常に1番だけ取りたい」という思いがないだろうか。予選のレースもぎりぎりで通るのではなくて、できるだけ上位でゴールしたいという気持ち。たぶん皆そうだと思う。

それを、私はシドニー五輪に限って「通過ぎりぎりでいい」と思った。そうしたら１００ｍは1次予選も2次予選も3着までが通過で、ぎりぎりの3着。２次予選は２０００年のベストタイムになる10秒25（+0.8）をマークしたが、「また残れた」という気持ちだった。このオリンピックに関して言えば、レースそのものはぎりぎりで通っていこうという気持ちだったけれど、ウォーミングアップは「ケガをしてもいい」ぐらいの気持ちで思い切りやった。全部決勝に臨むような感じで、詰めて、詰めてやっていた。最後までもたせようとは思わなかった。そういう意味では、アジア大会の時とはまったく逆の心境だった。

１００ｍで準決勝まで進んだのは予想外と言っていい。ただ、どういう状況でも10秒2前後ではいける自信があった。追い風が吹こうが、向かい風になろうが、そのあたりでは走れると思っていた。周りの選手が皆すごいタイムで走れば早く落ちるかもしれないし、レベルがそう高くなければ、もしかして2次予選も通るかもしれない。漠然とだが、そう考えていた。

初めて臨んだ１００ｍのセミファイナルの場は、むちゃくちゃ緊張するところだった。「朝原は大したもんだ」と、アトランタで準決勝に残った彼に改めて敬意を表した。周りは黒人選手ばかりだというのに、そこで初めて我に返ったというのか、アスリート魂がよみがえったというのか、「勝負してみたい」と、たぎるような気持ちになっていた。決して体調が良いわけではないが、「決勝に残りたい」と欲張りになっている自分。

準決勝は2組あって、各組上位4人が決勝へ進める。それまでの「ぎりぎり通過」などと言っていられない私は、最初からフルパワーで付いていった。すると、途中で力を使い果たし、100mはもたなかった。10秒39で7着。やはり10秒20を出さなければ、決勝に残れなかった。

後輩の末續と走った200m準決勝

100mの準決勝から中3日空けて、9月27日から200mが始まった。ケガの連続で多くの人たちに心配をかけながらここまで来たが、100mでどうにか目標の最低ラインはクリアした。自分としては、一応役目は果たしたという気持ちが大きかった。「マスコミの騒ぎもこれで収まるだろう」と胸をなで下ろした。200mもやることにしたが、こっちは相変わらず「やれるかな」という気にならない。この期に及んでも「21秒ちょっとかかるだろう」と踏んでいて、末續には大きく水を開けられると思っていた。彼が20秒1～2で走るなら、自分はどうがんばっても20秒9ぐらい。今の勢いからすると、そう判断するのが妥当だった。

200mの1次予選はひどい走りだったのに、20秒75で2着。まずはホッとした。100mが

不安を抱きながら出場したシドニー五輪だったが，最初の100mで準決勝に進出する底力を発揮した。左は100m 6位，200m 2位のキャンベル（英国）

まともに走れないぐらいだから、軸がぶれてフォームはバラバラ。しかし、長いこと世界を回って良かったなあと思った。それが生きた。エントリータイムに惑わされることなく、レースの途中、途中で状況判断ができた。それでも、次で落ちるだろうと思っていた。4着までが準決勝に進める2次予選。その1組で末續が20秒37（+0.3）を出して4着。これを聞いたら、自分も残らないわけにはいかない。次の2組だった私は、意地で4着入り。20秒56（±0）だった。

200mで、アトランタ五輪、セビリア世界選手権に続いての準決勝進出。もはや「ファイナル」などという夢物語はまったく考えなかった。ただ、もう開き直りだけ。もっと前半から突っ込んでいこうと決意した。経験から言うと、200mは〝いったもの負け〟のケースが多い。コーナーから直線へ先頭で出て行ったら負ける。恐らく、例外はマイケル・ジョンソン（米国）だけではないだろうか。モーリス・グリーン（米国）も先頭で出ることはないと思う。120mを過ぎてから出て行く選手が勝利をものにしている場合が多い。

私も前半で置いていかれると思って100mばかり練習したが、ある時、経験豊富な人は臨機応変に対応することを知った。誰かが飛び出していったら、付いていって、直線で勝負する。それをわかった上で、今回は前半からいこうと決めた。飛ばすだけ飛ばそう、と。一番アウトの8レーンだったので、逃げるには打ってつけだし、後半になればなるほどきつくなるのがわかっていたからだ。

準決勝は末續と同じ2組になった。先輩としての意地というのはあって、もちろん「負けたく

200ｍでは，東海大の後輩・末續慎吾とともに準決勝進出を果たす。
同じ組となったが，100分の２秒差で伊東が７着，末續が８着

ない」と思ったけれど、現時点の力量からするとまったく歯が立たないだろうと思っていた。末續の2次予選が20秒37。雰囲気的には20秒2台を出しそうである。私はせいぜい20秒6前後。0秒4以上は開くかもしれない。とにかく前半だけはいっておこうと最初から飛ばして、ゴールすると隣りに末續がいた。私が20秒67で7着、末續が20秒69で8着。その時に思った。末續は数時間後、1人でもう一度200mを走ったら、数段良い記録を出すだろう。しかし、私が走ったら、また同じタイムに違いない。そんなことがふと頭に浮かんだ。

準決勝の時、末續の緊張ぶりはかわいそうなぐらいだった。特にスタジアムに入ってからがすごくて、私が話しかけてもろくに返事がなかった。スタジアムに足を踏み入れたら、しゃべってはいけないと思っていたのではないだろうか。あそこでしゃべっていたら、もっと記録が出ていたと思うけど、変に閉じこもっていた。自分の経験からいくつかの選択肢を出し、私は前半からいく作戦を取った。コーナーを出た時、中ほどの位置だったと思う。その後の100mは長かった。「やっぱりな」と思いながら、抜かれるにまかせるしかなかった。世界のトップクラスと言われる人たちは、いけばいくだけ付いてくる。国内のレースのように、誰かが前半からバーンと飛ばしたら大差になるというケースは、ほとんどない。

第14章

現役選手から指導者へ

締めくくりはリレーで6位入賞

2000年のシドニー五輪は、100mと200mで準決勝へ進出。後輩の末續慎吾（東海大）と一緒に200mの準決勝を走り終えた直後、「もう走らないかな」という感情が込み上げてきた。まだリレーが残っていたが、個人種目は終わった。もう2度とオリンピックの舞台に立つことはないだろう。92年のバルセロナ五輪の時、50km競歩に出た園原健弘さんが「これで（オリンピック出場は）2度とないな」と言って歩いていかれたのを思い出していた。もちろん私も走る前から「このシドニーが最後のオリンピックになるだろう」という思いはあった。

個人種目を終えた翌日（9月29日）からは4×100mリレーに出場。リレーとはいえ競技を楽しむという余裕はなくて、緊張感は持ち続けていた。なにしろ直前のスーパー陸上ではバトンを落としているし、練習でもなかなか呼吸が合わない。2走が私で、朝原宣治（大阪ガス）がアンカー。故障上がりで個人種目に出られなかった朝原の調子がいい。そこまで何とかつなげば、朝原がやってくれるだろう。100mを9秒台で走る選手がぞろぞろいて、何チームも37秒台を出していたような90年代の前半に比べたら、リレーの関門は広くなっていた。さらに私自身、それまで10人近くの選手とリレーメンバーを組んでいるので、その年のレベルがだいたいわかる。シドニー五輪は上位を狙うチャンスだった。

予選と準決勝は1走に川畑伸吾（法大）、3走に末續を使った。予選は38秒52（2着）だったが、

2走を務めたシドニーオリンピックの400mリレーで6位に入賞。予選（写真），準決勝は川畑伸吾，決勝は小島茂之といずれも若手のホープからバトンを受け取った

準決勝で38秒31の日本タイ記録（アジア・タイ）。3着で決勝へ駒を進めた。この時に川畑が脚を痛めたのだが、バトンをもらう方の私は「ちょっとスピードが落ちたなあ」と思った程度で、ケガをしたことには気づかなかった。しかし、あくる日、1走を川畑から小島茂之（早大）に代えるという。川畑の無念さを思うと、自分のバルセロナ五輪の記憶がよみがえってきて辛くなった。

決勝は38秒66で6位。この時も3走の末續が脚を痛めたが、どうにか朝原にバトンをつないだ。入賞はしたものの、私の気持ちとしては「もっと勝負できたかな」というモヤモヤが残った。朝原が走れていただけに、順位も記録ももっと上でいい。まして、決勝で記録が落ちるというのは、あまり後味がいいものではない。アトランタ五輪のマイルリレーで5位に入賞した時のような「やったあ」という達成感はなかった。

脚の痛みと無事に走り終えた安堵が入り混じって、ゴール付近で涙を見せる末續。それを取り囲むようにして小島と朝原。私は一人だけ遅れて、トラックを歩きながらゴールへと向かった。「終わったなあ」という感慨を胸にゆっくりとスタンドを見渡す。どこかに両親がいるはずだった。「見に来たら」と言って親を呼んだのは、広島のアジア大会に次いで2回目。200mを走る時は、スタンドを見回しながら入って行ったら、すぐに見つけることができた。東海大の石田先生をまず見つけて、その近くをグルッと見たら座っていた。しかし、すぐに視線をそらせたので、親は私が気づいたことを知らなかったと思う。

親孝行ついでに、競技の合間をみてどこかで合流し、夕飯でもごちそうするつもりでいた。と

バトンを渡し終えてからゴール地点までゆっくり歩を運ぶ。無事に走りきった安堵感と，もう少しやれたかもという無念さが入り混じって複雑な気持ちだった

ころが、100ｍも200ｍも予想外に本数をこなすことになって、結局は現地で会えずに終わった。

今後の生き方を模索

シドニー五輪が幕を閉じて、周囲のざわめきは収まった。「これで終わりだなあ」という強烈な思い。しかし、自分の〝五輪後〟の方向性は何も見えて来なかった。とりあえず、帰国してすぐ、社内の研修会に出かけて行った。陸上に関しては、当分「強くなるために努力を惜しまない」という気持ちからは逃げたかった。「やめたい」ではなく「逃げたい」。そんな気持ちでいたら、すぐに膝が痛くなった。それまで気力で抑えていた古傷がまた出てきた。

五輪後、最初の1カ月はグラウンドにまったく足が向かなかったが、その後はたまに東海大へ行って、後輩と一緒にゆっくり走ったりした。「しばらくのんびりリフレッシュしてから、またやってみようかな」と思っていても、以前ほど新鮮な気持ちで練習できなかったことは確かだ。これから自分はどうしたらいいのか。陸上のことではなくて、少しずつ現実社会の方に目が向いていった。陸上で努力する辛さからは逃げたいのに、まだ完全にやめる決心はつかない。でも、会社に残るには仕事で追いつかないといけない……。

自分の生き方を模索していた、と言えば格好いいけど、すべてに対して逃げ腰になっていた時だった。ちょうど簡優好が競技をやめて仕事に専念した時期で、「大変だ」という話が耳に入ってくる。だからといって、陸上を続けるのもそれ以上に大変なのは目に見えていた。現役時代には陸上競技の指導書など読むことはほとんどなかったが、今、指導者の端っこに身を置いて、かつてのトレーニング理論などに触れる機会が多くなった。それらを読むと「こういう発想の陸上もあるのか」と驚かされることがある。「これを応用すれば学生の指導に使えるかな」と思えるものもある。

そういう中で感じることとは、トレーニングは山と同じで、競技力が上になればなるほど、練習の幅がグッと狭まってくる。それだけ厳選された練習が必要ということだ。再びそこへ立ち向かっていくだけの勇気は、なかなか生まれて来なかった。陸上への未練はずっと引きずっていたが、実際「じゃあ」と思うと身体が動かない。その前に気持ちが拒絶反応を起こして、甲南大に来てからも、走る気にはなれなかった。「今日はちょっと汗を流そうかな」と思い、トレーニングウエアを着てグラウンドへ行った瞬間、動かなくなるから不思議である。

競技生活に終止符を打つ時

第一線でやってきたスポーツ選手の引き際というのはむずかしいもので、「私は引退します」と宣言してやめる人もいれば、いつの間にか舞台から去る人もいる。私は性格がひねくれているせいか、シドニー五輪の後も「これでやめます」とは言いたくなかった。特に時期は考えていなかったが、「やれる時まで精一杯やろう」と思っていたこともある。ただ、ボロボロになるまではやりたくなかった。お情けで試合に出場させてもらっているようでは、今までやって来たことが濁ってしまいそうでイヤだった。

私の場合、周りから見たらシドニー五輪が確実に最後と思われていて、事実そういう結果になってしまったけれど、「引退か?」と何度も聞かれると素直にうなずけない。引導を渡されてやめていくような雰囲気には抵抗があった。すでにできているシナリオに基づいて、何となくやめていくことに反発を感じていたのかもしれない。

肉体的な衰えがやめることにつながったとは思っていない。要は気持ちの問題で、走ることが安定した生活基盤となるのであれば、まだまだ現役を続行したと思う。しかし、30歳を過ぎて、自分の将来を考えた時、「幸せになりたい」という根本的な欲求に行き着いた。これは、自分が普通のサラリーマン家庭に生まれたから、そういう発想になるのだと思う。父親と同じような道を探っている我に気づいた。

そんな時、シドニー五輪の年の暮れに甲南大での職をお世話していただき、生活の基盤を変える決心をした。その時も、落ち着いてまた陸上を継続できるのであればやってもいい、あるいは違った形で続けてもいい、そんな気持ちでいたが、結局はできなかった。高野進さんも同じようなことを話していた時がある。

鈴木博美との結婚を決めたのもそのころだが、まだ甲南大の話はなかった。富士通でサラリーマンになろうと思っていた時期だった。彼女はマラソンでシドニー五輪を狙ったけれど、叶わなかった。

99年秋の東京国際女子マラソンに出場し、これが最後の選考レースになると思って、たった一度だけ応援に行った。もう時期が時期だし、付き合っていることが周囲にわかってもいい。「どうなるかわからないけど、行ってやろう」と思って、沿道に出向いた。

そこでダメだった時点で、彼女の競技への情熱はいっぺんに冷めていったように思う。レース後の表情はサバサバしていた。もう1回、年明けの名古屋で再挑戦という手もあったのだろうが、本人にその気がまるでない様子。私よりひと足早く、競技生活から退くことになった。逆に今度は私のことを気遣ってくれて、シドニー五輪の前、私が沖縄で合宿をした8月末には、休日を利用して来てくれた。精神的に不安定な時だっただけに、彼女が飛んで来てくれたことは何よりの〝安定剤〟になった。

あの年、藁《わら》にもすがりたいような気持ちでいた私は、手を貸してくれる人がいることに、つくづく「ありがたいなあ」と思った。アメリカへ行く時は、後輩になる東海大の学生がついて来てくれた。かつて女子短距離で活躍した北林裕子さん、現姓・水野さんの息子、勇君である。

低迷した大学時代の経験を生かして

陸上人生を振り返れば、中学1年生の時が82年だから、およそ20年。しかし、華やかな時期はほんの一瞬だった。たとえれば、セミのような人生だったと思う。中学で1番、高校1年で1番になったけれど、高2は全然ダメ。高3はとりあえずがんばって、大学はずっとダメ。だけど今、その大学時代が一番役に立っている。

東海大で教えておられる柔道の山下泰裕先生の講演を何度か聞いた。「自分は長く故障をした時期がないので、試合に出られないレベルの選手のことがよくわからない」という内容の話を聞いたことがある。そういう時期が私にはある。4回しかチャンスがない日本インカレに、個人種目では出られなかった。今、大学生を見るのに、この時の経験が大いに役立っている。がんばっていても空回りする子は必ずいるものである。

指導者の道はまるで考えていなかったので、甲南大の教員の話をいただいた時は、正直迷った。富士通という大きな会社に魅力はあったし、体育の教員免許を持っていないこともハンデだと思った。ましてや、これまでは自分の心を落ち着かせるのに精一杯だったのに、人の面倒まで見られるのか。自分のようなヤツが10人も20人もいたら、とてもではないがやっていけそうもない。シドニー五輪前の合宿のように、みんな気が合えばにぎやかでいいけど、わがままな短距離の性格を丸出しにして気が合わなかったら、バラバラになってしまう。それでも「神戸に帰りたい」という気持ちは、心のどこかにずっとあった。何をやっても苦労する年齢なら、新しいことにチャレンジするのもいいか。そんな気持ちで、多くの方の好意に乗っかってみようと思った。

2001年４月，郷里の神戸に近い甲南大教員として奉職。同校陸上部のコーチも兼ねて新しい人生をスタートさせた。伊東先生の教えを受けた〝１期生〟たちと

私は「陸上がすべて」という大学時代を送ったが、甲南大に来たら講義が最優先。「体育は生活の中に必要だ」という教育方針で重視はするものの、スポーツ選手をどんどん受け入れて強化しようということではない。その違いに慣れるまで、最初はとまどった。競技力に関係なく、個人の考え方を尊重してあげないといけないところもあるので、ある意味、一つの目標に向かっている人を教える方が簡単なのかな、と思ったりもした。

今のところ「トップクラスの選手を出したい」という気はまったくなくて、兵庫県近辺で「来たい」という選手がいたら来てもらって、何とか高校の記録を上回るあたりで卒業できるような

環境整備はしたい。大学で自己新を出すのはそう簡単ではないので、まずはそのあたりから目標に掲げたいと思っている。

「絶対に受かります」という保証はできないのが現状で、勧誘はあまりしていない。今は女子のリレーが楽しみで、それぞれの持ちタイムから見ると、結構強いチームになってもおかしくない。

いずれは学生の世界大会であるユニバーシアードに出られるような選手が育ってくれたら、と思う。私は大学時代がとにかく振るわなかったので、アジア・ジュニア、世界ジュニア、ユニバの大会には1回も出ていない。そういう自分が出られなかった大会には出場させたいと思う。しかも、関西の大学から出場させたい。そのあたりが最終目標になるだろうか。そこまでいけば、気持ちが変わっていって、さらに上を狙うような選手になるものだと思っている。

後輩たちへ

2001年のエドモントン世界選手権を見てもわかるように、最近の日本の短距離界は活気があり、とても頼もしい。今さら私があれこれ言うことはないが、さらに世界のトップクラスに仲間入りするために、あえて言わせてもらえば、朝原や為末大（法大－大阪ガス）のようにどんどん世界へ出て行ってほしい。失敗してもいいから、視野を広く持ってほしい。

そして、継続は力なり。末續のように1年で急に1秒伸びることもあれば、藤本俊之（東海大

―富士通）のようにコツコツがんばっていると、初めて出た世界選手権でいきなりセミファイナル（200m）ということもある。私のように陸上を始めてから15〜16年たって、ようやく世界の舞台を踏めることだってある。一緒に走っていて、同じような力の選手が大勢いたことを考えると、明暗を分けるのは本人の気持ちの持ちようだと思えてくる。

ジュニアの時期はジュニアで楽しい。だが、楽しいことがあったら必ず反動は来る。それを乗り越えたら、単に楽しい時期より一段上の力がついて、別の楽しさが味わえる。そういう達成感を求めて努力してもらえたらと思う。

最近、選手のコメントで「楽しい」とか「楽しむ」という言葉がよく使われるが、陸上の練習そのものは地味で、そこに楽しさや喜びはあまりないはずだ。「楽しい」と思えるのだったら、もっと頭と身体を動かせ、と言いたい。楽しいというのは、身体を目一杯使って練習ができた達成感だと思う。あるいは、記録が出た、ライバルに勝ったという喜び。それらが、次の苦しい練習に耐えられる原動力になる。

私が30歳を過ぎるまで走ることを続けてきたのは、〝早熟スプリンター〟ならではの反骨心とプライドを抱いていたからである。全日本中学校選手権では勝てなかったけれど、中学時代に全国1番になったというプライド。そして、高校、大学で走れないと「伊東は終わった」と陰口を叩かれることへの反骨心。それが20年間の競技生活を支えてきた。周りの人たちが何も言わなかったら、私はとうに走ることをやめていたと思う。10秒00という記録もあり得なかった。

中学でトップになって以降、次から次へと出て来る選手は、みんな挑戦者に思えた。時には見事にノックアウトされた時期もあるが、そこから立ち上がる原動力になったのが「なにくそ」という気持ちだった。そんな低迷した時期、微妙に心を救ってくれたのがリレーである。高校2年の時、大学生の時、そして世界選手権も、個人種目がダメな時はいつもリレーが救いになった。陸上は基本的に個人が戦うスポーツだが、そういう意味ではこれからもリレーを大切にしてもらいたいと思っている。

朝原や末續が実力をフルに発揮できるコンディションにめぐまれれば、日本選手初の100m9秒台、200m19秒台が現実になるかもしれない。ただ、彼らには地道に世界の上位を狙っていく過程で、記録だけを追い求めないで欲しいなと思う。勝負強い選手になって欲しい。「勝ちたい」と思えばそれなりのタイムが必要になってくるが、「何秒出したい」「何秒出すために練習する」と、意識がそこに固まってしまうと長続きしなくなる。記録はいつか破られるもの。それより、勝ち続けること。勝負にこだわって欲しい。

第15章

私の短距離トレーニング（上）

相変わらず未熟な指導者に違いないが、甲南大でスタートさせた第二の社会人生活も2年目が過ぎた。陸上部では女子監督という立場になり、女子の指導に力を注いでいる。高校時代に実績を残した選手も何人か入部してきており、新米監督も部員たちも、今はやる気満々といったところだ。

結果的にシドニー五輪でピリオドを打つことになった私の競技生活は、前章までに記した通りだが、その時々で行ったトレーニングの中身には深く触れずに来た。それに補足する意味でもう一度、陸上競技を始めた中学時代から、具体的な練習内容を振り返ってみたい。当然、年代ごとの環境やその時の心理状態、競技力と密接に関係しているわけで、前章を繰りながら、当時の背景を再確認していただけたらと思う。

中学時代のトレーニング

神戸市立鵯台《ひよどりだい》中学3年(1984年)の時、私は全日本中学校選手権で100mが5位、200mで3位に入っている。そのシーズンを迎える前の冬、中学2年時の冬季練習の一例が表1である。これを見てわかるように、決してハードな練習をこなしていたわけではない。部員全員でジョッグ、流し、体操をして、その後短距離と長距離に分かれて練習する形式で、決められた時間内に学年、性別関係なくトレーニングを行っていた。私が嫌いなだけだったかもしれないが、補

■表1　中学2年のトレーニング（1984年1月10日～22日）

1／10	W-up400m，流し150×5，斜め懸垂20回，往復走80m×4
1／11	Rest
1／12	Rest
1／13	W-up400m，流し150m×5，斜め懸垂20回，往復走80m×4，補強3set，C-down1000m
1／14	W-up400m，流し150m×10，100mテンポ走×5，200m×6，C-down1000m
1／15	Rest
1／16	Rest
1／17	W-up200m，流し150m×5，斜め懸垂20回，往復走80m×10，C-down800m
1／18	Rest
1／19	Rest
1／20	W-up1600m，流し150m×5，鉄棒ぶら下がり30秒，往復走80m×6，補強3set，2000m
1／21	W-up1600m，流し150m×5，斜め懸垂20回，腕立て30回，往復走80m×10，補強3set，もも上げ80m×5，1000m・2000m×1，C-down
1／22	Rest

強運動を率先して行った記憶はない。

このころのメニューを見ると、テンポ走のような持久的トレーニングが多く、練習の最後には競争を意識させる中距離走が導入されている。筋力的な内容がほとんどないが、スピード持続的な要素が多い分、専門的なトレーニングもしないのに、２００ｍ、４００ｍというレースが走れたのかもしれない。走法は自分自身でほとんど考えたことがなくて、「歯を食いしばれば速く走れる」と単純に勘違いしていた。お陰で、勝負どころでは必ず歯を食いしばっていたように思う。今考えると、自らレース中に力みを入れていたわけで、もったいなくて仕方がない。

レース運びは大半が成り行きまかせ。しかし、３年の全日本中学校選手権２００ｍ決勝で、優勝した名倉雅弥君（埼玉・藤中）らに前半から置いていかれてしまってから、意識して積極的にいくレースに変わっていった。その策のせいかどうか、秋のレースはすべて21秒台で走ることができた。それ以降、200mは、スタートから意識して積極的に走るスタイルになった。これはシドニー五輪まで続いたので、現役いっぱい貫いたことになる。

100mに関しては、83年に手動で11秒6を出した小西恵美子さん（当時烏山女高教）のスタートをテレビで見て、ブロックの若干上部に足をかけるスタイルを真似して取り入れたことがある。しかし、そのころ、スタートラインから前ブロックまでの距離が2・5足長。足のサイズが26・5cmだから、約66・25cmということになる。その後、試行錯誤しながら、シドニー五輪の時が48cm。中学時代はろくに考えもせず、見よう見まねでやっていただけなのに、よく10秒7で走れたと思う。
400mは、中学3年だった84年の秋に3レース出たのみ。それでジュニア・オリンピックのBクラスで優勝するのだが、とにかく300mまでは軽く走って、最後の100mを全力疾走するレース内容だった。このころは200mが21秒台でコンスタントに走れていたので、400mがつらいと感じたことはなかった。

量で全身を鍛えた高校時代

表2―1～3が、報徳学園高時代の練習内容である。2年生の時の結果があまり納得いくものではなかったので、最終学年は、当時神戸市立平野中学校におられた池野憲一郎先生のサポート

■表2－1　年間計画（高校2年8月～3年10月）

	試合・合宿など	テーマ
8月	インターハイ 新人戦	インターハイの失敗により，ひたすら走り込み
9月	近畿高校ジュニア	8月の走り込みで得たスピード持久力を落とさない
10月		絶対スピードの向上
11月	校内合宿	シーズンの反省をしながら，基本動作の徹底，欠点の修正
12月	添上高合宿 県高合宿 八女工高合宿	11月のトレーニングから本格的な強度に対するサーキットトレーニングを中心とした，オールラウンドな筋力トレーニング
1月	八女工高合宿	専門的な筋力トレーニングを中心とし，少しずつ長い距離を走り始める
2月	洛南高合同合宿	1月同様だが，さらに質・量ともに向上させ，より専門的に強度をアップする
3月	神戸室内 八女工高合同合宿 洛南高合同合宿 全国高体連合宿	1，2月の筋力トレーニングを，実際の走りに生かすための専門的走の練習の導入
4月	県記録会 兵庫リレー	筋力を落とさないようにしながら，スピード持久力の向上
5月	支部インターハイ	大会に向けて実戦的走の練習の強化期間
6月	県インターハイ 近畿インターハイ	前半の記録を狙うためのトレーニング，調整
7月	県強化合宿	6月の調子を崩さないためのコンディショニング中心
8月	インターハイ	シーズン前半の反省を基に基本練習中心にして，もう1度鍛練期のトレーニング
9月	国体合宿	故障が発生したので筋力・心肺機能を落とさないトレーニング
10月	沖縄国体	300mの絶対スピード向上を目指したトレーニング

■表2－2　高校2年2月のトレーニング（高校3年のシーズン前）

月	マック式B20m＋Jog20m＋マック式B20m＋Jog20m＋マック式B20m×5 スピードバウンディング30m＋加速式70m×6 ショートIT（10m加速から）90m（80％）×5＋60m（80％）×5＋30m（Max）×7 200m全力走×1
火	基本動作60m×3種目×3　チューブダッシュ30m＋ダッシュ70m×5 快調走300m＋100m×3
水	快調走500m＋300m＋100m×3 ショートIT（10m加速から）60m（Max）×5＋30m（Max）×7 200m全力走×1
木	上体強化　球技60分
金	タイヤ（原付サイズ）を引きながら100m走＋Jog　100m＋流し100m×12 300m×1
土	砂浜走200m×15 ショートIT（10m加速から）60m（Max）×10

IT＝インターバル

■表2－3　高校3年の県支部予選から近畿インターハイまで
(午後練習のみ)

IT＝インターバル

5／20	基本動作30m×2種目×3　20mまきこみ＋20mマック式A×5 ショートIT（10m加速から）90m×2+60m×5+30m×7（すべてMax) スタートダッシュ（90m×1+60m×2+30m×3）×3
21	400m（100mごとに60%，70%，80%，Maxと変化させる）×7 20mまきこみ＋マック式A20m×6　マック式B90m×1　100m快調走×1
22	Jog
23	県私学大会　200m　21秒8，21秒5，21秒2
24	県私学大会　4×100mR3走
25	Jog
26	100m快調走×7 キックアップ20m＋マック式A20m＋マック式B20m＋流し60m×6
27	100m快調走×6 350m＋150m×1　300m＋100m×1　200m＋100m×1 ショートIT（10m加速から）60m（Max）×6
28	100m快調走×5 キックアップ20m＋マック式A20m＋マック式B20m＋流し60m×6
29	Jog
30	300m（90%）×1　200m（90%）×1　100m加速走×1　300m（90%）×1
31	キックアップ10m＋マック式A10m＋マック式B10m×6 スタートダッシュ90m×1+60m×2+30m×3 ショートIT（10m加速から）60m×5+30m×5
6／1	Jog
2	300m（Max）×1　100m加速走×2
3	Jog
4	Jog　流し
5	県インターハイ
6	400m　49秒6，48秒6，47秒3　4×100mR×1
7	200m　21秒7，21秒6，21秒3　4×100mR×2
8	朝練習のみ
9	朝練習のみ
10	朝練習のみ
11	100m往復走　3往復＋2往復＋1往復×1 キックアップ10m＋マック式A10m＋マック式B10m×6 スピードバウンディング30m＋流し70m×5　300mテンポ走×1
12	300m（90%）＋100mJog＋100m（Max）×3 ショートIT（10m加速から）60m（Max）×7
13	スタートダッシュ90m×1+60m×2+30m×3 100m往復走　3往復＋2往復＋1往復×1 ショートIT（10m加速から）30m×3
14	Rest
15	基本動作20m×3種目×2　キックアップ10m＋マック式A10m×2 スタートダッシュ90m×1+60m×2+30m×3 ショートIT（10m加速から）60m（Max）×7
16	300m（90%）×1　100m加速走×2
17	Jog
18	快調走
19	近畿インターハイ 400m×3　4×100mR×3　4×400mR×3
20	
21	

を受けた。

また、福岡の八女工高などいろいろな所で合同合宿に参加させていただき、報徳の鶴谷邦弘先生の指導のもと、計画的にトレーニングを消化できたと思う。内容的には、短距離をオールラウンドに走れる身体づくりで、旧東ドイツ、ソ連が行っていたシャフトの負荷を利用した基本動作、タイヤの負荷を利用したレジステッド・トレーニング、砂浜走、坂道走、サーキットなど、トラックより自然や道具を利用したトレーニングがほとんどだった。

とにかく、距離や本数をこなす内容で、量が求められた。ただ、どのトレーニングでも、最後には短い距離の走練習が入っていて、スピード感を出してその日の練習を終えていた。今思えば、全身およびスピード持久系のトレーニングが多く、バランス良く強化できている。だが、当時は「これだけやれば絶対負けない」という心理的な要素の方が多く感じられた。

練習の良し悪しはもちろんあると思うが、やはりこのころは心理的達成感が大きく競技力を左右した時期だと思う。

大学1年から3年までのトレーニング

高校3年（87年）の沖縄国体で、400mに46秒52の高校新記録（当時）を出して優勝。翌年、神戸を離れ、神奈川県にある東海大に入学した。表3は、大学生になって初めての形態測定のデータである。といっても、当時は形態測定の意味をまったく理解していなかった。

そのころの私は、高校時代と比べて練習量が減ったように感じ、同時に体重が一向に減っていかないので、トレーニング内容に不満を持っていた。しかし、こうして十数年ぶりにデータを見ると、順調に体脂肪率が減り、筋肉も肥大する時期には肥大できている。筋肉の太さこそ変わらないが、皮脂厚が減って、トレーニングそのものは順調だったことが読み取れる。もう少し早くその点に気づいていれば、遠回りせずにすんだ時期があったかと思うと、残念な気持ちが湧いてくる。

さらに、大腿部の左右差も、この時期にもう見ることができる。それを意識してしっかりとトレーニングを積んでいたら、大学4年の時やシドニー五輪前の左脚肉離れは避けて通れたかもしれない。かえすがえすも残念でならない。

表4は、大学2年だった90年冬季のトレーニングの流れである。その冬は筋力アップとスピード持久力をつけることが狙いだったが、あまりにも筋力アップのトレーニングがハードで、スピード持久のトレーニングを行った記憶がないほど。それぐらい徹底的に全身の筋力アップを図った。また、冬季トレーニング前に行った形態測定で、同期の米沢君、堀内君と比べて体脂肪率が高かったので、東海大の短距離コーチである宮川千秋先生から週3回の有酸素運動を必ずやるように指示を受け、練習の最後に行った。この全身強化と有酸素運動をやったことが、90年の後半シーズンに復活できた大きな要因の一つだと思っている。

■表3　大学1年秋〜2年春の形態測定データ（1988〜1989年）

	10／25	12／5	1／11	3／11	3／15	4／16	5／
体　重（kg）	72.0	72.5	71.5	71.1	71.3	72.0	71.0
胸　囲（cm）	91.0	88.8	93.0	92.5	92.0	92.5	91.5
腹　囲（cm）	77.0	75.5	77.0	74.0	73.5	75.5	74.5
臀　囲（cm）	98.0	94.5	94.0	95.5	95.5	96.0	96.5
上腕囲：右（cm）	28.0	28.5	28.5	28.0	29.5	28.0	27.5
：左（cm）	29.5	29.5	30.0	30.0	28.0	30.0	29.0
弛緩時：左（cm）	27.5	28.0	28.0	27.5	27.5	27.5	27.5
緊張時：左（cm）	29.0	29.5	29.5	29.5	30.0	30.0	29.0
前腕囲：右（cm）	24.5	25.5	24.5	25.0	24.7	24.5	24.0
：左（cm）	24.0	24.5	24.0	24.5	24.3	24.5	24.0
大腿部：右（cm）	57.0	58.0	58.0	57.5	57.0	58.5	57.0
：左（cm）	56.5	56.5	57.5	57.0	57.0	57.0	56.0
10cm下：右（cm）	50.5	49.1	52.5	53.0	54.0	53.5	50.5
：左（cm）	49.5	49.1	52.5	52.5	53.0	52.0	50.5
下腿部：右（cm）	37.5	37.5	39.0	39.0	38.0	38.5	39.0
：左（cm）	37.5	37.5	38.5	38.5	38.0	39.0	38.5
胸部皮脂厚（mm）	10	7.3	7	6.5	7.4	7	6
腹部皮脂厚（mm）	19	15.5	16	11.5	10.8	13	12
大腿部皮脂厚（mm）	15	14	14.5	11.0	10.1	7	8
体脂肪率（％）	12.09	9.93	10.15	7.65	7.4	7.0	6.7
脂肪量（kg）	8.71	7.20	7.26	5.44	5.3	5.1	4.8
LBM（kg）	63.29	65.30	64.24	65.66	67.0	66.9	66.2

表5は、大学3年（90年）8月のトレーニング内容である。この年、シーズン前半はまったく結果が出せなかったが、6月最後の東海大記録会で48秒1をマーク。練習でも短い距離が少しずつ走れるようになってきていた。

内容的には、身体の前から機械で引っ張り、自己の最大スピード以上を体感するトウイング・トレーニングと、身体の後ろから引っ張って負荷をかけるチューブ・トレーニングが交互に行われ、絶対スピードのアップを図った。

メンタル的には、国体選考競技会の記録は悪かったものの、代表に選んでいただき、大学に入って初めて

■表4　大学2年の冬季トレーニングの流れ（1990年1月，2月）

・トレーニング段階　準備期2
・期間　1990年1月8日～2月11日（5週）
・最大筋力　トータル量と最大筋力発揮を獲得
・最大スピード　トウイング導入
・スピード持続　300m，200m

月	〈朝練〉 メディシンボール補強（腹筋，背筋）各300回 レッグカール左右それぞれ（10～15kg×20回）×5set チューブ補強（引き上げ，戻し）左右15回×5～7set 腕振り（2kgダンベル×300回）×5set
	〈午後〉 1200m走 〔筋力トレーニング〕ハーフスクワット:60～140kg×3～15回×10set ボックススクワット:15kg×15～20回×7set ベンチプレス:55kg×15回×10set アームカール:15kg×15回×7set カーフレイズ:肩車×15回×7set デッドリフト:40～80kg×15回×7set スプリントドリル（10歩もも上げ+10歩歩行）150m×3，jog30分
火	〈朝練〉 休養
	〈午後〉 チューブトレーニング:3歩，5歩，10歩バウンディング×各10～20set 20m（ブロック）×10set スプリントドリル（10歩もも上げ+10歩歩行）150m×5 200m，300m×7set
水	〈朝練〉 メディシンボール補強（腹筋，背筋）各300回 レッグカール左右それぞれ（10～15kg×20回）×5set チューブ補強（引き上げ，戻し）左右15回×5～7set 腕振り（2kgダンベル×300回）×5set
	〈午後〉 1200m走 筋力トレーニング:ハーフスクワット:60～140kg×3～15回×10set ボックススクワット:15kg×15～20回×7set ベンチプレス:55kg×15回×10set アームカール:15kg×15回×7set カーフレイズ:肩車×15回×7set デッドリフト:40～80kg×15回×7set スプリントドリル（10歩もも上げ+10歩歩行）150m×3 jog30分
木	完全休養
金	〈朝練〉 メディシンボール補強（腹筋，背筋）各300回 レッグカール左右それぞれ（10～15kg×20回）×5set チューブ補強（引き上げ，戻し）左右15回×5～7set 腕振り（2kgダンベル×300回）×5set

金	〈午後〉 1200m走 筋力トレーニング：ハーフスクワット60～140kg×3～15回10set ボックススクワット：15kg×15～20回×7set ベンチプレス：5kg×15回×10set アームカール：15kg×15回×7set カーフレイズ：肩車×15回×7set デッドリフト：40～80kg×15回×7set スプリントドリル（10歩もも上げ＋10歩歩行）150m×5，jog40分
土	〈朝練〉 休養 〈午後〉 チューブトレーニング：3歩，5歩，10歩バウンディング×各10～20set 20m（ブロック）×10set スプリントドリル（10歩もも上げ＋10歩歩行）150m×5 200m，300m×10set
日	完全休養

明確に目指すべき大会を自分の中で設定できたのが、この夏だった。

大学4年のリハビリ・トレーニング

大学4年（91年）の関東インカレ200m準決勝で肉離れを起こした。レース途中で棄権しなければならないほどの重症で、初めての大きなケガを体験した。それから、8月の東京世界選手権までのリハビリ・トレーニングを表6に記した。

関東インカレでは、コーナーを回ったところでバランスを崩したまでは記憶にあるが、次に気づいた時は医務室にいた。小さな故障の治療は何度もやったことがある。しかし、リハビリと名がつく治療は初めてで、現在クレーマージャパンの外園隆社長宅にお世話になりながら、受け身一方ではなく、筋肉と対話しながら、復帰日を決めて取り組んだ。

私が学生のころは関東インカレ、日本インカレ、日本選手権が2週間おきに行われており、試合結果の情報が続々入っ

■表5　大学3年（1990年）8月のトレーニング

13日	20分Jog
14日	スプリントドリル100m×3，加速走30m・50m×3，筋力トレーニング（弱）
15日	スプリントドリル100m×5，チューブダッシュ20m×10set，150m×5
16日	完全休養
17日	スプリントドリル100m×3，加速走30m・50m×3，筋力トレーニング（弱）
18日	スプリントドリル100m×5，チューブダッシュ20m×10set，150m×5
19日	完全休養
20日	スプリントドリル100m×2バトンパス，加速30m・50m×3， チューブダッシュ50m×5set，筋力トレーニング
21日	スプリントドリル100m×2バトンパス，トウイング50m×5， スタートダッシュ30m・60m×5set，150m×5
22日	完全休養
23日	スプリントドリル100m×2バトンパス，加速50m・80m×3， チューブダッシュ60m×5set，筋力トレーニング
24日	スプリントドリル100m×2バトンパス，トウイング50m×5， スタートダッシュ30m・60m×5set，300m×3
25日	完全休養
26日	スプリントドリル，400mR×3，800mR×2，1600mR×1
27日	完全休養
28日	スプリントドリル100m×2バトンパス，トウイング50m3×，150m×3， 筋力トレーニング
29日	スプリントドリル100m×2バトンパス，加速30m・50m×2， チューブダッシュ60m×3set

9／12　四大学対抗（江戸川）　400m47秒81，200m21秒65

てくる。そのたびに不安やあせりに駆られた。なかでも、東海大の先輩である高野進先生が400mで日本記録を樹立したレースに出場できなかったことが、一番ショックだった。

とはいえ、別表のようなきっちりとしたプログラムを組んでいただいたお陰で、ケガの方は一段一段、復帰の階段を上っていった。

このリハビリ・トレーニングで、ウォーミングアップ、クーリン

■表6　大学4年(91年)関東インカレ以降のリハビリ・トレーニング

大腿部膝屈筋（内側）損傷　1991年5月19日
第1段階：柔軟性および可動域の回復

▼5月19日　肉離れ：その日のみアイシング
▼5月20，22日　安静
▼5月23～27日，30日～6月3日入院治療
下記メニューを集中的に1日3～4回行う。
〈運動種目〉
ホットパック：15分
ライトマッサージ：電気治療
ストレッチ―コントラクト―ストレッチ（左右）：限界まで
歩行5m（前方）：10本
〃　（後方）：10本
ROM運動：股関節屈伸　10×3
膝屈曲：中間位，内旋位，外旋位　各10×3
ストレッチ：膝屈曲位　30秒維持
：膝伸展位　30秒維持
アイシング：20分
▼6月3～8日
スキルトレーニングの開始
①ホットパック：20分
②ストレッチング：60秒×各種目：計20分
③Walk＋Jog：5分歩行＋5分Jogを3回ずつ
④ストレッチ，ダウン
⑤アイシング：20分
⑥エアロバイク：20分
⑦ウエイトトレーニング
〈トレーニングA〉ランニング主体：①＋②＋③＋④＋⑤
〈トレーニングB〉ウエイトトレーニング中心：①＋②＋⑥＋⑦＋④＋⑤
▼6月10～24日
スキルトレーニング（筋力回復）
筋肉回復，筋肉に対する集中力：バランス感覚の回復
①ホットパック：20分
②ストレッチング：60秒×各種目：計20分
③基本スキップ：6種目×30m×2set
④腹筋：30回×2set
〈トレーニングA〉基本的動作を入れたランニング
〈トレーニングB〉ワンサイクル前と同じ
▼6月25～30日
Jog開始
▼7月1～7日
一般持久的回復トレーニング
（800m，600m中心）
▼7月8～19日
一般，専門的持久力回復（500m中心）

▼7月20日～
特殊スピード，スピード持続系導入

7／20	450m×1
21	Rest
22	30分＋Jog
23	350m＋150m，450m×1，Weight
24	350m＋150m，450m×1，Weight
25	30分Jog
26	350m＋150m，450m×1，Weight
27	350m＋150m，450m×1，Weight
28	30分Jog
29	Rest
30	300m・150m×2，100m×3
31	450m×2
8／1	350m＋150m×2
2	Rest
3	加速30m・60m×3，スクワット60kg，100kg×10それぞれ2set
4	350m＋150m×1
5	Jog，スクワット60kg，100kg×10それぞれ2set
6	450m×1（55秒3）
7	Jogのみ
8	加速30m，60m×2
9	Jogのみ
10	Jog，150m×3
11	南部記念（46秒64）
12	Rest
13	Jog，バトンパス
14	150m×7（60％），バトンパス
15	300m×3（60％），バトンパス
16	30分Jog，バトンパス
17	Rest
18	150m×3
19	350m＋150m×2
20	Rest
21	Jog20分　Jog＋補強
22	350m＋150m×1
23	Rest
24	Jog30分　Jog＋補強，バトンパス
25	150m×5
26	Jog，Weight，バトンパス
27	350m＋150m×1，バトンパス
28	Jogのみ
29	150m×3，バトンパス
30	Jog，バトンパス
31	世界選手権1600mR4走（日本新）

■表７　大学４年冬の日本陸連短距離合宿（91年12月〜92年１月）

	午　前	午　後
12／23		30分jog
24	80m×6×5set	筋トレ，水泳トレ
25	坂道150m×20set	水泳トレ
26	40分jog，筋トレ	なし
27	400m＋100m×5	筋トレ，水泳トレ
28	完全休養	
29	砂丘20m×6，バウンディング100m×7	なし
30	エンドレスリレー300m＋250m＋200m＋150m×2	筋トレ
31	40分jog，筋トレ	
1／1	400m＋100m×4，450m×1	筋トレ
2	完全休養	
3	砂浜100m×10，300m＋200m×2	筋トレ
4	100m×4×5set，リレー	筋トレ
5	40分jog，筋トレ	
6	Rest	
7	400m＋100m×5	

※午前と午後のトレーニングの間に，専用メンタルルームで専門家の指導によるメンタルトレーニングを実施

グダウン、そしてストレッチの大切さを再認識させられた。そのころの私は、マッサージも含めて身体の手入れについては非常にいい加減だったが、このリハビリからアップ、ダウンの中、決められた時間に集中してストレッチを行うようになった。お陰で、世界選手権の代表にも滑り込むことができた。

この故障で学んだことは非常に多くて、その後の競技生活を大きく変えたと言ってもいい。そして、筋肉と対話しながらのウォーミングアップをすることから、自分に合った走法の発見へとつながっていった。さらに言えば、シドニー五輪まで競技を続けられたのも、この故障で学んだストレッチ、リハビリの計画の大切さなどが常にベースとしてあったからだと思っている。

バルセロナ五輪前後

表7は、91年12月に行われた日本陸連短距離合宿のトレーニング計画である。バルセロナ五輪を翌年に控え、オリンピックの参加標準記録突破を目標に、年数回の強化合宿が行われた。スピード持久力をアップするための非常に厳しいトレーニングが続いていた。私にとっては不得意な距離の練習ばかりで、得意な部分（スピード）を伸ばすのではなく、不得意な部分（特殊スピード）を克服する傾向にあった。技術的には、200～300mの距離でスピードが上昇するように、いろいろな局面からアプローチしてトレーニングを消化していった。

92年4月に富士通に入って、社会人生活をスタート。しかし、従来通りの練習環境を確保していただいた。表8が92年の年間計画になる。東海大ではこのように冬季トレーニングに入る前、各トレーニング期の節目で、トレーニングの流れ、狙いなどの指導を受ける。これを見て、個々が今の時期に何をすべきかを考える。バルセロナ五輪はどうにか代表になれたものの、出場の機会に恵まれなかった。表9が五輪後の92年12月、沖縄で行われた日本陸連短距離合宿の練習計画である。

バルセロナ五輪が終わり、4年後のアトランタ五輪に向けて、新たなサイクルがスタートした時だ。まず1年目の冬ということもあって、トレーニング内容は、専門的なことより、全体的な要素を交えたものとなった。具体的には、12月28日に宮古島の観光スポットである砂山で行われた「砂浜トレーニング」を見ると、1年前の同時期とはまったく異なって、ホッピング20m×左右5セット、バウンディング40m×10、登りダッシュ50m×8など、総合的な内容になっている。

スピード	技術	心理トレーニング	メゾ周期	ミクロ周期	ピーク指標	メディカル	合宿
導入			1	1	4		
				2			
				3			
				4			
爆発的スピード 特殊スピード スピード持続	分習 協調		2	5	3		
				6			
				7			
			3	8			
			4	9			
				10			■
				11			
			5	12		■	
			6	13			
				14			
				15			■
			7	16			
			8	17			■
				18			
			9	19			
			10	20			■
			11	21			■
爆発的スピード	強調 全習	モデリング	12	22	2		
				23		■	
				24			
				25			
				26			
爆，特スピード スピード持続	調整			27			■
			13	28	1		
				29	2		
				30			
				31			
				32			
				33	1		
特殊スピード スピード持久	分習 協調	モデリング	14	34	3		
				35			
				36			
			15	37			
			16	38			
				39			
				40	1		
爆，特スピード スピード持久	調整		17	41			
			18	42	2		
				43			
				44			■
				45			
				46	2		
				47			
				48			
維持				49			
				50			
				51			
				52			

■表8　1991〜92年の年間計画

月	日	大　会	トレーニング期	トレーニング段階	筋　力	パワー	持久力
11	3		移行期	回復　導入	調整維持		回復
	10						
	17						
	24						
12	1		準備期	強化	強化	爆発的パワー パワースピード パワー持続	維持
	8						
	15						
	22						
	29						
1	5						
	12						
	19						
	26						
2	2						
	9						
	16						
	23						
3	1						
	8						
	15						
	22						
	29		試合準備期	維持，回復	調整，維持		回復
4	5						
	12						
	19						
	26	東海大記録会					
5	3	静岡，水戸	試合期	調整	調整，回復		
	10						
	17	東日本実業団					
	24						
	31						
6	7						
	14	日本選手権					
	21		中間期	強化，修正	発展，維持		維持
	28						
7	5						
	12						
	19	南部記念					
	26	バルセロナ	試合期				
8	2	五輪					
	9			調整	調整，回復		回復
	16						
	23						
	30						
9	6	関東七県					
	13						
	20	スーパー陸上					
	27	ワールドカップ					
10	4		移行期	回復，休養	調整，回復		
	11						
	18	全日本実業団					
	25	全日本男子選手権					

■表9　1992年12月（社会人1年目）の日本陸連短距離合宿

	狙い	午前	午後
21日	移動日		
22日	スピード持続	100m×7×4	筋力トレーニング
23日	特殊スピード持続	350m×5	筋力トレーニング
24日	特殊スピード持続	500m×	筋力トレーニング
25日	移動日		個人トレーニング
26日	総　合	砂浜トレーニング	
27日	スピード持続	100m×7×2	筋力トレーニング
28日	パワー	砂浜トレーニング	筋力トレーニング
29日	休養日		
30日	移動日	350m×4	

12／21～25：沖縄市営競技場，12／25～30：宮古島

このころは、前年に２００ｍで20秒96と初めて20秒台に突入し、４００ｍでも5年ぶりに自己記録を更新できた。しかし、バルセロナ五輪で補欠に甘んじなければならなかった苦い経験から、鳥取のワールドウイングに出かけ、新たなる筋力トレーニングの発見など、少しずつ創意工夫して自分を磨き上げようと考え出したころでもある。

広島アジア大会前後

表10は、94年の広島アジア大会前後のトレーニングの流れである。この年から通年で行い始めた鳥取での初動負荷トレーニングが、ランニングとうまく結びつくようになった。その初動負荷トレーニングが強化のみならず、調整の手段としても利用できるようになってきた。また、初動負荷トレーニングによって、以前とまったく異なるほど、筋肉に柔らかさが生まれたのもこのころからだった。

基本動作はマック式を中心に行ってきたが、筋肉に柔軟性が加わってきたことと、何とか筋力トレーニングそのものを走りに生かし

■表10　広島アジア大会前後のトレーニング（1994年9月〜10月）

9／26	Weight（胸筋中心）
9／27	12分jogのみ
9／28	完全休養
9／29	jog，Drills，Weight（肩甲骨周辺）
9／30	Drills，スタートダッシュ30m×2，150m×3
10／1	Drills，スタートダッシュ60m×2，バトンパス1set，400m（47秒9），バウンディング100m×2
10／2	バトンパス50m×3，加速走30m，60m×2，コーナーバウンディング50m×5，400m×1（51秒0），Weight
10／3	Weightのみ（軽め）
10／4	バトンパス50m×3，加速走60m×2，100m＋100m＋100m×1，バウンディング100m×1，Weight
10／5	加速走30m・60m・80m×1set，スタートダッシュ30m・60m×1，200m×1（20秒9），Weight
10／6	完全休養
10／7	jog，Drills，Weight調整
10／8	完全休養
10／9	加速走60m・80m×1set，SD60m×2，150m×2（15秒1），Weight
10／10	完全休養
10／11	jog，Drills，Weight調整
10／12	完全休養
10／13	加速走60m・80m×1set，スタートダッシュ60m×2，120m×1，Weight
10／14	アジア大会　200m予選：20秒90（−0.2）
10／15	アジア大会　200m予選：20秒70（＋1.7）2位
10／16	アジア大会　400mR決勝：1位
10／17	完全休養
10／18	完全休養
10／19	jog，Drills
10／20	加速走60m・80m×1set，スタートダッシュ60m×2，120m×1
10／21	jog，Drills
10／22	加速走60m・80m×3set，400m×1（50秒5）
10／23	日本グランプリファイナル：20秒44（＋1.9）＝日本新

たいと考えるようになり、ワールドウイングの小山裕史先生に相談。それまでの基本動作から、脚の切り返しと骨盤と肩甲骨を連動させて行うスキップへと変更していった。技術的には、それまでは400mが中心だったせいかもしれないが、30m、60mといった短距離走者として重要な距離で、等速的な動きに近く、スピードの強弱をつけられずにいた。200mが20秒9前後の記録で停滞していたのは、それが原因ではないかと思う。

それを打破しようと、宮川コーチのアドバイスのもと、夏以降徹底的に30m、60mという距離の練習を、メイントレーニングの前に、コーナーを利用して実施した。この練習を導入したころは、スピードの上げ方、脚のさばき方がわからず、筋肉へのダメージが大きくて、非常に厳しいトレーニングになった。そういう状況から、どのようにしたら無理なくスピードを上げていけるかを考えるようになり、「基本動作、疾走フォームを変えなければ」と思い至って、初動負荷理論と結びつけた。

レースに向けての調整法として、積極的に休養を取って本番を迎える東海大方式に初動負荷理論を結びつけ、それを実行して結果が残せるようになったのも、この時期からである。ランニングフォームは、まだ動きそのものが400mランナーで、できるだけ蹴らず、着地にタイミングを合わせてみぞおちを突き出すその一点のみ。バンコク・アジア大会の走りとそれ以前の走りの、ちょうど中間の走りだったと思う。

第16章

私の短距離トレーニング（中）

アトランタ五輪に向けての練習

アトランタ・オリンピックの年（1996年）は、4月までアメリカでトレーニングをしていたが、帰国後、上体のバランス等が悪く、トラックで加速走をやっても、うまくスピードが上がっていかない。だったら、着地ポイントを靴半足分外側に変えて、走りのリズムが変わるか試してみよう、と思って走った1本目に、左脚内転筋を肉離れしてしまった。

オリンピックの最終選考会となる日本選手権まで、あと1ヵ月の時期。初めて故障する部位だったし、正直あせった。

ただ、痛みは400mのスピードなら、着地のポイントをずらせば何とか走れるレベルだった。実際、リハビリの段階で東日本実業団大会に出場し、冷え冷えとしたコンディションの中、46秒23で走っている。今までまったく考えもしなかった部分の故障から、今後のステップアップのカギは、股関節の動きと柔軟性が大きなポイントになってくると感じた。

そのことから、5月中は内転筋、臀筋、肩甲骨周辺の柔軟性の改善と、400m走を導入してのスピード持続能力の徹底維持を行った。実質、日本選手権に向けての本格的な調整トレーニングは、鳥取での10日間ほど。しかし、小山先生の適切な指導と、冬の徹底した強化トレーニングのお陰で、今までの故障がウソのように体調は上向き、逆に「早く走りたい」と思うほどに気持ちが変化していった。

内転筋，臀筋，肩甲骨周辺に柔軟性を持たせることがトレーニングのテーマで，「ワールドウイング」でも常にその課題に取り組んでいた

走りそのものは股関節、臀筋、肩甲骨周辺を中心に改善していったせいで、コーナーをスムーズに回ることができて、膝下も意識することなく動いた。無駄な動きがほとんど省け、スターティングブロックから出ても、20秒4台ではコンスタントに走れるようになっていた。しかし、それはあまりにも等速的で、スムーズに走りきれてしまう。そこで、先生と相談して試みたのは、スムーズにコーナーを出てきたところで、あえてそのリズムを崩し、100m走のダッシュのリズムに変えることだった。

試した時期は筋肉の柔軟性が非常に良く、リズムを変えてもうまく動きが継続したが、柔軟性が落ちている時は、逆にここのポイントで上体と下半身のリズムが合わなくなり、わずかだが減速することもあった。

この試みが見事に成功し、大会直前の200mの調整では20秒0までタイムが上がった。94年の秋、20秒44で走った時が追い風1・9m。今度はそれほどの好条件でなくても、20秒44に近い記録は出ると確信した。

6月、大阪の長居陸上競技場で行われた日本選手権。200mの予選で、20秒29（+1.1）をマーク。予選ということで、最後は力を抜いたレースだったが、練習で行ったことが実際のレースでもうまくできた会心の走りだった。

アトランタ五輪の達成感からの脱却

レースに出ることなく終わったバルセロナ五輪以後、4年間がんばって、やっと走ることができたアトランタ・オリンピック。しかも、200mで準決勝まで進出し、夢舞台を堪能した。これは想像以上に大きな経験で、終わってからは〝燃え尽き症候群〟的な状態へ陥ってしまった。目標の達成感がいっぱいで、これから自分自身がどうしたいのか、どのようにありたいのかがわからない。おのずと惰性的な練習になってしまった。ただ、オリンピックの準決勝で、内側から一瞬のうちに抜かれたフランク・フレデリクス（ナミビア）のスピードが脳裏から離れず、漠然と「100mのスピードを磨かなければ」と思っていた。

97年は何も知らないままボストンの室内大会へ行き、その後アメリカで3レース。さらに、世界1周チケットを持ってのグランプリ転戦。95年の国体で、スタートで失格となり、オリンピックまで思い切ったスタートが切れず、モヤモヤしていたところがあった。そこで、海外のさまざまなスターティングブロックを使用して、一番いい膝の角度、腕の幅などを模索していた。と同時に、世界のトップクラスの調整法、練習方法を見ては、真似をしていた。そんなことの繰り返しだった。

98年は12月にタイのバンコクでアジア大会があり、明けてすぐ、99年の3月には世界室内の群馬大会がある。この2つのビッグ大会を乗り切るためには、98年のシーズンインを遅らせること、そして冬季に走り込み、ウエイトの絶対量を増やすことだと考えた。98年のシーズン前、2月から3月上旬まで単独でアメリカへ行き、ニューメキシコ州アルバカーキで高地トレーニングを実

98年日本選手権100m予選

後半20mを流したことで10秒40（－2.0）にとどまったが，理想とする動きができた

会心のレース

施。練習は400m、200mを中心とし、「スピード持久力強化」と「絶対的筋力獲得」を合宿の目標にした。

アルバカーキは96年の日本陸連短距離合宿以来、2度目。この時はすべて一人で行い、環境的負荷はマックスに近いものがあった。練習もハードで、最後、鮮明な血尿が出た時は死ぬかと思うぐらい、量的にはかなりこなした気がする。ランニングフォームは度外視してのメニューで、自分自身追い込む練習に対しての気持ちが限界に来て、自然の力を利用しての取り組みだった。

「ワールドウイング」での模索

98年7月は福岡でアジア選手権。この大会1週間前に、ドイツで尿管結石になり、手術を勧める医者の反対を押し切って帰国。帰ってすぐのレースでどうなるかわからなかったが、20秒70と平凡なタイムながらも優勝することができた。それまで、高地トレーニングの疲労から来る迷いなどがあった。しかし、アジア選手権で勝てたことにより、迷いから脱出。さらに、アジア選手権では200mに出場しなかった400m44秒台の2人と、アジア大会ではいかに勝負するかを探るきっかけづくりになった。

アジア選手権後、98年8月はほとんど鳥取ワールドウイングでの合宿トレーニングだった。テーマは「アジア大会でいかにして勝つか」。400mを44秒台で走る選手が、200mでどんなレースをするのか。競技レベルは高野さんを想定して、強化に入った。また、400mランナーの200mのレースパターンから考えて、「前半でどれだけ差を開けるか」を考えながらのトレーニングになった。

トレーニングの内容としては、初動負荷器具を使用して、臀筋、大腿二頭筋、広背筋群を徹底的に強化。これに、股関節群の柔軟性を高めるトレーニングを組み合わせていった。強化、柔軟性を求める初動負荷トレーニングと平行して、トラックでのトレーニングは、前半でいかに差をつけるかというポイントを中心に進めた。コーナーを利用したトレーニングと、直線を利用したトレーニングを交えながら、ランニングポイントをその都度修正していく方法で行った。

アトランタ・オリンピック前後に完成しかけた、股関節の柔軟性を利用した乳酸が溜まりにくい走法は、高いレベルでスピードが維持でき、スピードの減速も最低限で収めることができたが、トップスピードになるのが若干遅く感じられていたので、少しでもトップスピードになるポイントが早くなる走法を模索し始めた。

コーナーでは、50mの記録を測定し、ビデオでランニングフォームを撮影。小山先生のアドバイスで1回、1回チェックしながらの作業となった。「後方へ流れかける脚を素早く前方へスウィングする。そのスウィングの軌道をできるだけコンパクトにする。そのためには、前方へスウィングした際に、膝をあまり引き上げない」といったポイントを繰り返し練習し、50mを20本以上行う日も少なくなかった。

今までの常識で「膝を高く」とされたランニングフォームから、引き上げないフォームへと変化していき、自分なりに実践して、それなりの記録も残してきた。しかし、その時の取り組みは、さらに膝を上げないフォームで、ビデオなどではわかりづらいが、自分自身の体感ではほとんど〝すり足〟に近い感覚。「このようなフォームで走れるのか」という葛藤があり、先生に露骨に不満をぶつけた時もあった。

それでも、私の性格を知り尽くした先生の妥協なき指導で、1本、1本進化していった。下半身の動きに合わせて上体の角度、遠心力に対して軸となる左肩の位置、右腕のさばきなども平行して習得していき、スタンディングからの50mコーナー走が限りなく5秒に近づいていった。

当時、ワールドウイングでの合宿形態は、午前中は柔軟性を高めるトレーニングと同じく矯正マッサージの2時間半。午後は、柔軟性を高めるトレーニングと、高負荷による臀部、股関節、大腿二頭筋のトレーニング後ランニング練習、柔軟性を高める矯正マッサージという順で4時間半。さらに、アトランタ・オリンピックのころのランニングフォームより、大腿二頭筋への負担を強く感じていたので、就寝前に肩甲骨、股関節、大腿二頭筋の柔軟性を高めるトレーニングを自発的に導入し始めた。

コーナーでのトレーニングと比べると比重はだいぶ低くなるが、直線部分を使用して、母子球に最大限意識を置いた、2点着地の接地のトレーニングも継続していった。このトレーニングは、2月のアルバカーキの合宿ごろから行っていた。コーナーでのランニングフォームが形になり始めてから、2点着地の接地がうまくできるようになり、ようやく競技の歯車がかみ合ってきた。

熊本での日本選手権

8月から9月上旬の鳥取合宿で、筋力強化と新たなランニングフォームの習得に取り組み、合宿明け翌々日の川崎市選手権で20秒43を記録。左肩の使い方がうまくいき、内容的にもまずまずのレースだった。続くワールドカップ（南アフリカ・ヨハネスブルグ）では、後半の走りに難があったが、コーナーでの上体の傾け方がうまくいって20秒40。部分的にせよ、夏場に取り組んできたことが、レースの中で実行できるようになってきていた。

ワールドカップから帰国してすぐ、スーパー陸上に出場。直前のレースでできなかった注意ポイントに気を遣いながら、しかもホームストレートが3ｍを超える向かい風の中、上体の使い方のあるヒントを発見することができた。記録こそ20秒61と平凡だが、このレースで秋のシーズン、特にアジア大会では勝負できると確信した。アジア大会の最終選考会となる日本選手権は9月末から10月初めにかけて、国体用に新設された熊本の競技場で行われた。私は直前に体調を少し崩したものの、走りの良い感覚を維持したまま日本選手権に臨むことになった。

２００ｍは予選だけ走って、20秒16（+1.9）の日本新（アジア新）。コーナーでは若干左肩の使い方を誤り、遠心力に負けて外へ膨らむことになったが、直線に出てから、スーパー陸上で得た上体の使い方を駆使し、いつもは疲労が押し寄せて来るところを、うまくカバーできた。最後5mは正直なところ、私の身体の中に、脚も腕も運ぶスタミナは残っていなかった。20秒2～3台ではあそこまでの減速感覚は味わえない。とにかく「ゴールにたどり着いた」という感じだった。

100mは3本走って、まず予選が10秒40（-2.0）。後半20mは流してスピードダウンしたが、夏場のトレーニングで試みたことがすべてできた会心の100m。生涯最高のレースと言ってもいい。「もしかしたら自己記録（当時10秒21）を大幅に更新できるかもしれない」と手ごたえを感じた瞬間だった。それは早くも準決勝で実現して、10秒10（+1.4）をマーク。このレースは予選とほぼ同じだったが、スタートでやや遅れ、中盤で少し肩に力が入り、ストライドを制御するのを間違って、修正せず流してゴールという内容だった。

決勝では、10秒08（+1.5）とさらに記録を縮めている。朝原が持っていた当時の日本記録と並んだ。しかし、予選から3レースの中で一番内容が悪かった。トップスピードにうまく乗り過ぎて、中盤で上体の使い方を間違え、ストライドが伸び過ぎた感じになってしまった。

バンコク・アジア大会の100m、200m

日本選手権からアジア大会まで、およそ2ヵ月。最初の1ヵ月は、日本選手権での達成感とアジア大会に向けて少なからず安堵感を持ってしまったので、微妙なところで身体のバランスを崩した。走法も少し乱れてきていたところを、11月に入り、小山氏のバランスチェックのもと、大腿四頭筋と股関節の柔軟性を取り戻した。しかし、冬に向かう時期、気温が低い中でのトレーニングということもあって、9月ほどの調子には至らないまま、バンコクのアジア大会を迎えた。100mの予選は、追い風参考で10秒03。2日前に走った感触で「調子はあまり良くない」と判断していたが、実際、レースは追い風が3m弱で、脚の運びが骨盤の動くスピードについていかなかった。

準決勝で10秒00（+1.9）をマークしたレース。最初から「ラスト15mは流す」と決めていて、骨盤が最高のスピードで動き、脚を運んだという記憶がない。予選の反省から、脚がついてこないのを予測して、上体の使い方に注意した。金メダルを取った決勝は10秒05（+1.6）だったが、日本選手権と同様のレースになってしまった。肩の使い方を間違えて、ストライドが若干大きくなった。

200mは予選から自重。準決勝も、強敵と思われる400m44秒台の2人が他の組に入ったので、出来るだけ体力を温存するレースを心がけた。しかし、ラストで流し過ぎたせいか、かえってオーバーストライドになり、乳酸を溜めることになってしまった。決勝は20秒25（-0.4）で1位。アジア選手権直後に考えた「前半で勝負を決める」というレースで、思い切りできたと思う。ただ、日本選手権の時の感覚は取り戻せなかった。

前橋の世界室内選手権

バンコクから帰国後、疲労を抜くために、スピードレベルを落として有酸素運動的な動作を行っていた。その時、膝の半月板周辺を痛めてしまった。それは現在でも尾を引いているが、大腿四頭筋と肩甲骨周辺の柔軟性、大腿二頭筋の筋持久力維持を中心にトレーニングを続け、99年3月に前橋で開かれた世界室内に臨んだ。

とにかく、従来の私のスタートは膝の角度が広く、腰が高いので、急なバンクの室内競技会では不向きである。それまで2回出場した世界室内は、そのスタートで失敗している。そこで、以前の反省をもとに、手の幅を調整するのではなく、膝の角度を調整することで、私にとっての難局を打破することにした。走り自体は、傾斜しているバンクに対してあれこれ考えるのではなく、オートバイのレーシングドライバーのように自ら身体を傾けるように。そうすることで、室内競技会だったが、決勝に残ることができた。

第17章

私の短距離トレーニング（下）

振り子をイメージした〝すり足走法〟

私が現役で陸上競技を続けている間、多くのレースに出て、多くの失敗を重ねてきた。そのたびに課題が見つかり、ウエイトトレーニングで身体のバランスを整えてきた。そうやっていくうちに、無駄なところがはぶけていって、行き着いたフォームが、いわゆる〝すり足走法〟である。以前に注目された〝プッシュ走法〟と類似点はあると思うが、ともかく「できるだけ早めに足を地面に着こう」という走り。分解写真で見ると、膝から下が伸びて、振り出されているようだけれど、自分の中では振り出さないように、ストライドが大きくならないように、注意を払っていた。

脚の軌道に沿ってできるだけ速く、足を素早く地面に着くように心がける。なぜ、そういう発想になったかと言えば、少しでも前にグイグイいきたかった。特に外国選手と走った場合、以前のような脚をグルグル大回りさせているような走りだと、1歩で差がついてしまう。後半にはそれほど離されていく勢いは感じなかったので、前半でいかに力を使わずについていけるかだと思った。

私が最後に求めていたランニングフォームに「膝を高く」というイメージは、まったくない。そんな悠長なことを言っていたら、外国選手に太刀打ちできない。以前、主流になった脚をグルッと巻き込んで、膝を高く上げ、引っかくというイメージ。私の場合は、着いたら振り子のようにスウィングして、前へ持ってくることだけ。今は振り子がついたボンボン時計など、ほとんど見なくなったが、チクタクチクタク往復する、あの振り子を想像してもらいたい。

競歩の動きを速くしようとしたら、どうしても振り子のような動作になった。このスウィングをしなやかにすると、膝から下が自然と出てくる。今やメジャーリーガーとなったイチロー選手のバッティングも同じような理論かもしれない。本人がそれほど意識することなく、しなやかに、そして速くスウィングすること。それが永年積み重ねてきて、行き着いたフォームだった。

ただ、私にはそれが理想のフォームでも、すべてのランナーに向いているというものではない。私がやっているころは、膝を高く上げて、脚を巻き込んでという動作を意識して走っていたら、世界に出ても外国選手に太刀打ちできない時代だった。発想はそこからである。

「世界で対等に闘う」――。今でもそうだが、外国選手、特に黒人の選手は身体が大きくて、筋骨隆々としていた。ひ弱な日本人とは、まったくタイプが違う。よほど発想を転換させなければ、フイとひと吹きされて、飛ばされるだけだった。

この走りに行き着いたのが、アトランタ五輪が終わったころだろうか。バンコク・アジア大会の最終選考会となった１９９８年の日本選手権（熊本）のころには、一つの大きな形は完成していた。振り子の走法で自然とゴールまで走れるようになっていたが、そこからまた部分部分をいじろうとしていた。そう思っているうちにケガをしてしまって、自分の競技人生の集大成に考えていた２０００年のシドニー五輪に、うまく結び付けられなかった経緯がある。

１００mに関して、思考の究極はゴールの手前30mである。人間誰しもそこでパワーが落ちるし、乳酸が溜まってくる。ストライドが伸びるそこから、私はあえて〝振り子〟をやろうとした。スタートから60mあたりまでは、何もしなくても走法が身体に染み付いたので、最後だけに力を費やした。

99年のセビリア世界選手権前の練習では、何回となくやって、うまくいった。「これだ」という形はできつつあったが、試合に持ち込むまでには至らなかった。結局、レースでは一度も試していない。あるいはシドニー五輪がもう1年あとにあったら、実行できたかもしれない。オリンピックの年の2月あたりは、練習でそればっかりやっていた。しかし、シーズンになってレースで試そうとしたら、肉離れをしてしまった。

もっとも私がやろうとしていたことは、実際の運動理論ではできない走りだったと思う。絶対にスピードが落ちる局面で、もう一度走りをピッチに変え、再度スタートダッシュのようなことを試みる。これが初動負荷理論ならできる。それまでも「絶対に無理だ」と言われるようなことを、その理論に則《のっと》ってやったらできてしまった。陸上で「疲れない走り」などないと思っていたのに、不思議なことに疲れない。一般的な理論ではできないと思われたその走りも、練習ではできたのである。

そのために、走練習と同じぐらいの比重を、ウエイトトレーニングやストレッチにかけた。振り子の動きをするには、もちろん下肢の筋肉を鍛え、柔らかくすることは重要だが、振り子は真ん中の支点から振れているわけで、上半身もそれに見合わないとついてこない。体幹をしっかりさせることは、何事においても大切になってくる。

ストライドとピッチの相関関係

音楽で使うメトロノームを思い浮かべてもらうとわかりやすいが、行ったり来たりの振幅を大きくすると動きがゆっくりだし、振幅を小さくするとカチカチの往復が速くなる。ゆったりとしたメトロノームの動きは、どこか間延びしていて、スピード感に欠ける。１００m走のイメージには、もっと小刻みな方が似合う。

ストライドとピッチの関係だが、私はストライドはあまり大きくない方がいいと思っている。もっと言えば、ピッチが落ちない範囲で、ストライドを広くする。ピッチが速くなり過ぎると、ストライドは小さくなってしまうわけで、その最もいい関係を練習で見つけながらやってきたと言っていい。

コンディショニングをうまくやらないと、振り子の振幅が大きくなって、ストライドが伸び過ぎてしまう。人が「ストライドがすごく伸びていいね」と言う時は、あまり調子が良くないことが多い。ピッチで押そうとしてもいけなかったからそうなったのに、他人からは伸びやかに走っているように見える。要は、各人が自分に合ったストライドとピッチを捜し出せれば、タイムは出る。

私がバンコクのアジア大会で10秒00をマークした時、100mの総歩数は45・5歩だった。テレビで特集していたが、45歩を切ったら9秒台だそうだ。そのあたりの根拠は、よくわからない。100mという種目は、ちょっとしたズレが全体に影響を及ぼす。タイミングと身体のバランスが少しでも狂うと、足長が変わってしまう。足長が変わるということはピッチもストライドも変わるということなので、微妙な狂いがタイムに関わってくる。これは私も朝原（宣治、大阪ガス）も、ヨーロッパに行ってさんざん経験している。

特に、スタートして1～2歩目で「しまった」と思うようなことがあると、10秒0台はむずかしい。せいぜい10秒1～2台。そのあたりの体感は全然違う。朝原はスタート後、上体が立つのをいやがるが、私は腿が上がるのがいやだった。最初、ツツーッと忍者のようにすり足で出たかったので、ガン、ガンではなくタ、タ、タ、タッと行きたかった。最初の数歩で狂ったら、国内のレースだったら修正が利く場合もあるが、海外だとてんてこ舞いになって置いていかれるのが落ちである。

朝原、末續ら後輩たちへの期待

朝原がやろうとしていることは、ドリルを見ても自分と共通する部分があったので、わかりやすい面はある。たぶん似たようなことを考えているのではないかと思う。彼は膝が上がって持ち味が出る選手なのに、2001年シーズンは上がらなかった。「つまずいた」というコメントも聞いたことがある。

一方、末續（慎吾、東海大）は2002年春の水戸国際で10秒05を出した後、「脚がついて来ない」と話していた。その言い方もわかる。2人のタイプは、明らかに違う。恐らく朝原もそうだろうが、100mを走る時、自分のレーン上で「この辺に足を置きたい」と頭で決める。その通りに「バン」と置いた瞬間、伝わってくる感じが「成功」か「失敗」かに分かれる。私は10秒00で走った時、途中の3～4歩、「ちょっとこの辺でタ、タッと置いてみよう」としたらうまくいった。ただし、その前後は末續と同じような感覚で、脚がついて来なかった。

今、朝原がやっていることは、私がやったことの上をいっていると思う。彼が9秒台を出す時は、9秒99とか98ではなく、9秒95を上回るような気がしている。それだけ海外に行って積み重ねてきたことが、身になっている。しかも、90年代の後半にケガをして走れなかった時期を乗り切っているわけで、突発的に狙うという状態ではない。

末續は、200mですぐにでも19秒台が出るような雰囲気だが、私は100mの9秒台の方が早いと思っている。自分が200mをやっている時も「9秒台の方が絶対に簡単だ」という感覚があった。20秒2～4で走っているころは「19秒台でいけるかなあ」と思ったこともあった。しかし、20秒1台に入ってからは「ああ、無理だな」と思い直した。今の筋力ではまだ19秒台は出ない、と実感したのである。私は熊本の日本選手権前までは、両方記録が伸びていた。だが、それ以降は100m200mは別だと理解するようになった。

100mも200mも同じ短距離種目ととらえていた。そう思っているうちは、両方記録が伸びていた。

100mが10秒1〜2のころなら、200mもスーッと走り切れたのに、熊本の日本選手権では、100mのスピードをそのままもっていったら、最後まで続かなかった。記録は20秒16だが、最後はもう歩いているぐらい思いっきりスピードダウンした。やはり100mの方がむずかしい。どちらかを選べと言われたら、迷わず200mを選ぶと思う。200mは調子が悪くても、どうにかごまかしが利く分、楽になってくる。力がついたということもあるかもしれないが、現役最後のあたりは世界に出ても楽だった。高野（進）さんの現役時代からその直後にかけては、海外のトップレベルの200mランナーは（100mを）9秒台で走るし、身体は大きいし、大変だった。

今はああいう時代と違って、9秒台で走る人はグリーン（米国）やボルドン（トリニダードトバゴ）など一握りしかいない。アメリカで100mと200mを兼ねることができる選手がいなくなってきていることでもわかる。日本では末續が両方やれる選手として成長してくれている。100mのイメージ通りに200mを走るということは、私にはできなかった。末續がそれをやってくれたら、19秒台があっさりと出るかもしれない。出るとしたら、国内のレースのような感じもしている。

これからは「決勝進出」が目標

朝原や末續が日本選手で初めて9秒台の扉を開けようとしているが、そうむずかしいことではないと思う。10秒00という日本記録があるからには、皆そこに照準を合わせてくるわけで、そういう気持ちでいれば、扉などとは思わずに突き進んで行くはずである。今のところ、世界を見渡しても、9秒台で走ったのは黒人のランナーしかいないが、黄色の日本人が挑めないことはない。私に言わせると「こんな自分にできそうだったことが、なぜ他の人にできなかったのか」という発想になる。恐らく10秒を破った人間は、それはそれでうれしいだろうけど、「だから何だったんだ」と思うのではなかろうか。

朝原や末續がその最短距離にいることは間違いない。とはいえ、もっとアベレージの低い選手でも、日本のトラックやブロック、風向きや運営など諸条件を考えると可能性はある。そのあたりは、朝原が一番感じていると思う。記録だけ狙うのであれば、国内にいるべきだと思っているはずである。海外のレースにどんどん出て行っているのは、海外で勝負して、なおかつ記録もついて来させたいという気持ちがあるからだと思う。彼はオリンピックや世界選手権の100mで、紙一重の力で決勝に残れない位置にいる。準決勝で何回も止まっている。それを打破するには、経験が必要になってくる。

200mの準決勝で、決勝に進出できる4着までというのは、組によって記録に大きな幅がある。それだけに、しっかりと練習を積んでいけば、外国にポンと行った選手でも決勝に残れるかもしれない。だが、１００ｍは1回しか準決勝に残っていないけれど、２００ｍとは全然様子が違う。そういうことから、朝原には「勝負」という気持ちが強いと思う。

朝原も末續も、これからの世界大会で決勝に残るのではないかと思っている。私がそういう大きな大会に出始めたころの概念は、せいぜい1次予選突破だった。2次予選進出が目標。それで、やっと1次予選を通過できた。そうして、2次で何回か落ちているうちに「もうちょっと上を目指そう」とがんばっていたら、準決勝まで行けた。私は決勝の舞台を経験できなかったが、アトランタ五輪の準決勝を走ったイメージが強烈で、その後のレースに多分に影響している。2次予選を20秒47の2着で通過しているから、準決勝で4着に入るのはまったく不可能というわけではなかった。

しかし、準決勝になったら、私の内側から行ったフレデリクス（ナミビア）やボルドンのスピードが驚くほど速かった。フレデリクスが19秒台。ボルドンが20秒05。私は20秒45で6着だったが、「あのスピードにはかなわない」と脳裏に強くインプットされた。私や朝原が準決勝まで進んだ今、これからの選手たちは「だったら決勝まで行こう」という気になると思う。私たちが「2次予選を何とか突破したい」と思ったように。それがつながりであり、歴史ではないだろうか。

幸いなことに、私は東海大で２００ｍ、４００ｍを専門にやっていた高野さんの感覚を直接聞くことができた。そのうちに私が１００ｍ、２００ｍを中心にやるようになって、後輩の末續と重なった。時期は短かったが、私の感覚を少しだけ話すことができた。この流れから、高野さんが指導者になっていろいろな支流ができ、男子短距離の活性につながっている。400mという短距離種目で、高野さんが五輪、世界選手権の〝ファイナリスト〟になって蒔いた種が、発芽しつつある。

世界の舞台で勝負を

私や朝原だけではなく、400mハードルの山崎（一彦）、ハンマー投の室伏（広治）らが世界への道を自らの手で切り開いてきた。これからの日本のスプリンターには、そうした生き方をどんどん手本にしてもらいたいと思う。朝原のように世界に飛び出して行って、経験を積み重ね、少しずつ評価を得ていく。ファイナリストという言葉は高野さんの時に定着して敏感だが、日本人はどうしても記録、記録で評価をしがちである。だが、今の朝原のように、グランプリのゴールデンリーグで100mを走れるという実績はすごい。

私も世界ランキングの6位か7位に名を連ねたことがある。しかし、外国に行ったら、そんなものまったく話にならない。日本は高速トラックだし、風がいいと向こうの人は思っている。事実、10秒00のタイムも「どうせ日本で出したんだろう」と言われたことがあった。

高野さんに「記録なんてクソ食らえだ」とさんざん言われていた。「記録を持っていても、勝てなかったら意味がない」と。アジア大会の時も「とにかくチャンピオンになれ」というのが、高野さんの考えだった。他のエリアよりアジアはグレードが低いが、「アジア・チャンピオン」の肩書きは、ヨーロッパの試合でもアナウンスしてもらえる。

世界のトップ選手に伍して闘うには、やはりその場に多く顔を出し、「ここにいるよ」ということを認知させることではないだろうか。400mハードルの為末大（大阪ガス）が2001年のエドモントン世界選手権で銅メダルを取り、翌年は海外の試合を転戦した。もちろん銅メダルという実績が評価されてのことだが、これまで山崎らが地道に下地を作ってきたことも、同じ日本選手として手助けになっているのではないかと思えてならない。

日本で陸上競技をやるには、中学、高校、大学、実業団と数年単位で節目を迎える。選手は、特に環境が変わった時に、スランプに陥りやすい。私もそう、為末もそう、中学時代にトップクラスに入ってしまった選手は、その落ち込みが半端ではない。

そこで「陸上なんて……」と大抵の場合、いや気が差すが、「オレは1番で終わるんだ」と思っていれば、必ずがんばれる。そんなことを言われなくてもいい年頃なのに、心ない大人に「アイツはもう終わった」とささやかれる。「そういう人たちを見返してやろう」という動機でもいい。矛先はどこに向けてもいいから、がんばる。「1番で終わろう」と思ってがんばっていれば、絶対に〝早咲きで終わるスプリンター〟なんていなくなる。

私は高校3年の時、400mを46秒52で走った。早咲きの部類だったかもしれない。すぐにでも45秒台が出るような勢いだった。しかし、400mのベストは、96年に出した46秒11。結局、45秒台の記録は出せなかった。現役生活を振り返って、やり残したと思うのはその一点、「45秒台を出したかった」ということ。100mの9秒台、200mの19秒台はさておいて、「45秒台に挑戦できる」というのであれば、そこに戻りたい。

最後、400mに挑戦しようかという構想はあったのだが、100mや200mで記録が出たので、400mをやる機会を失ってしまった。それだけは残念でしかたがない。

あとがき

昨年暮れ、千葉県の検見川で行われた東海大の短距離合宿に、われわれ甲南大も特別参加させてもらった。今や日本の男子短距離界を陣頭で指揮する高野コーチのもと、末續らが必死で坂を駆け上がるのを見ながら、真冬の陽だまりでふと自分の選手時代を思い起こした。

自分もああやって、汗まみれになりながら、何本も何本も坂道ダッシュを繰り返したなぁ。それは遠い記憶のようだが、まだ思い出にしてしまうほどの昔ではない。

もちろん、うちの女子選手たちは、ヒーヒー言いながらの練習だった。それでも、日本を代表する選手たちと同じメニューを最後までこなし、満足感いっぱいの笑顔。私は「よくがんばったからごほうび」と言って、人数分の銭湯代をポケットマネーから渡した。まだまだ駆け出しの指導者と、これから大きくはばたく選手たちとの、ささやかな交流。

高野さんには迷惑をかけたが、教え子たちにこんな経験をさせられるのも、自分の選手時代があったからこそ、と思う。

大学教員の職を得て、生まれ育った神戸に帰り、家庭も持った。現役生活とはまた違った環境に戸惑いもあるが、ふるさとで第二の人生を歩み始めてまる2年。多くの人に支えられてここまで来たことを痛感している。

特に、オリンピックを狙うような立場になってからは、東海大の宮川先生、高野先生、富士通の木内監督（現・総監督）、報徳学園の鶴谷先生、鳥取の小山先生にはさんざんお世話になった。お礼も十分に尽くせず今に至っているが、私の未熟さを広い気持ちで受け止めてくださったことに、心から感謝している。ほんとうにありがとうございました。

最後に「月刊陸上競技」の誌上連載だけでなく、単行本として1冊にまとめてくださった陸上競技社の廣瀬豊社長、企画や原稿執筆で力を貸してくれた小森貞子記者にお礼を申し上げます。できるだけ早い機会に、朝原、末續ら後輩たちが「夢を形に」してくれることを祈って……。

2003年2月

伊東浩司

著者略歴　伊東《いとう》　浩司《こうじ》

1970（昭和45）年1月29日，兵庫県神戸市生まれ。神戸市立鵯台中学校で陸上競技を始め，3年の全日本中学校選手権で100m5位，200m3位。報徳学園高校時代は400mがメインで，3年秋の沖縄国体では46秒52の高校新記録（当時）をマークして優勝。短距離のホープとして注目を集めた。東海大学時代は挫折も味わい，日本代表として活躍するのは1992年に富士通入りしてから。世界選手権は5度，オリンピックは3度出場。98年のバンコク・アジア大会では100m, 200m, 4×100mリレーの3冠に輝き，大会全種目を通じてのMVPを獲得。100mの準決勝では10秒00のアジア新記録を樹立し，9秒台に王手をかけた。200mでも20秒16のアジア記録を持つ。2000年のシドニー五輪を最後に選手生活にピリオドを打ち，2001年4月から甲南大学の専任講師（保健体育）。その後、アテネ世界選手権（97年）女子マラソン金メダリストの鈴木博美さんと結婚した。

疾風《かぜ》になりたい　「9秒台」に触れた男の伝言

発行日　平成15年4月11日　第1刷
著者　伊東浩司
編集　月刊陸上競技（株式会社 陸上競技社）
東京都文京区関口一―十三―十二　廣瀬ビル
〒112―0014　☎03(3235)6102
FAX03(3235)2567
http://www.rikujyokyogi.co.jp
発行者　原田 裕
発行所　株式会社 出版芸術社
東京都文京区音羽一―十一―十四　池田ビル
〒112―0013　☎03(3944)6250
FAX03(3944)7460
振替　00170―4―546917
印刷所　株式会社 東京印書館
製本所　明興製本工業 株式会社

ISBN4-88293-233-4　C0075